人物叢書

新装版

山《やま》名《な》宗《そう》全《ぜん》

川岡　勉

日本歴史学会編集

吉川弘文館

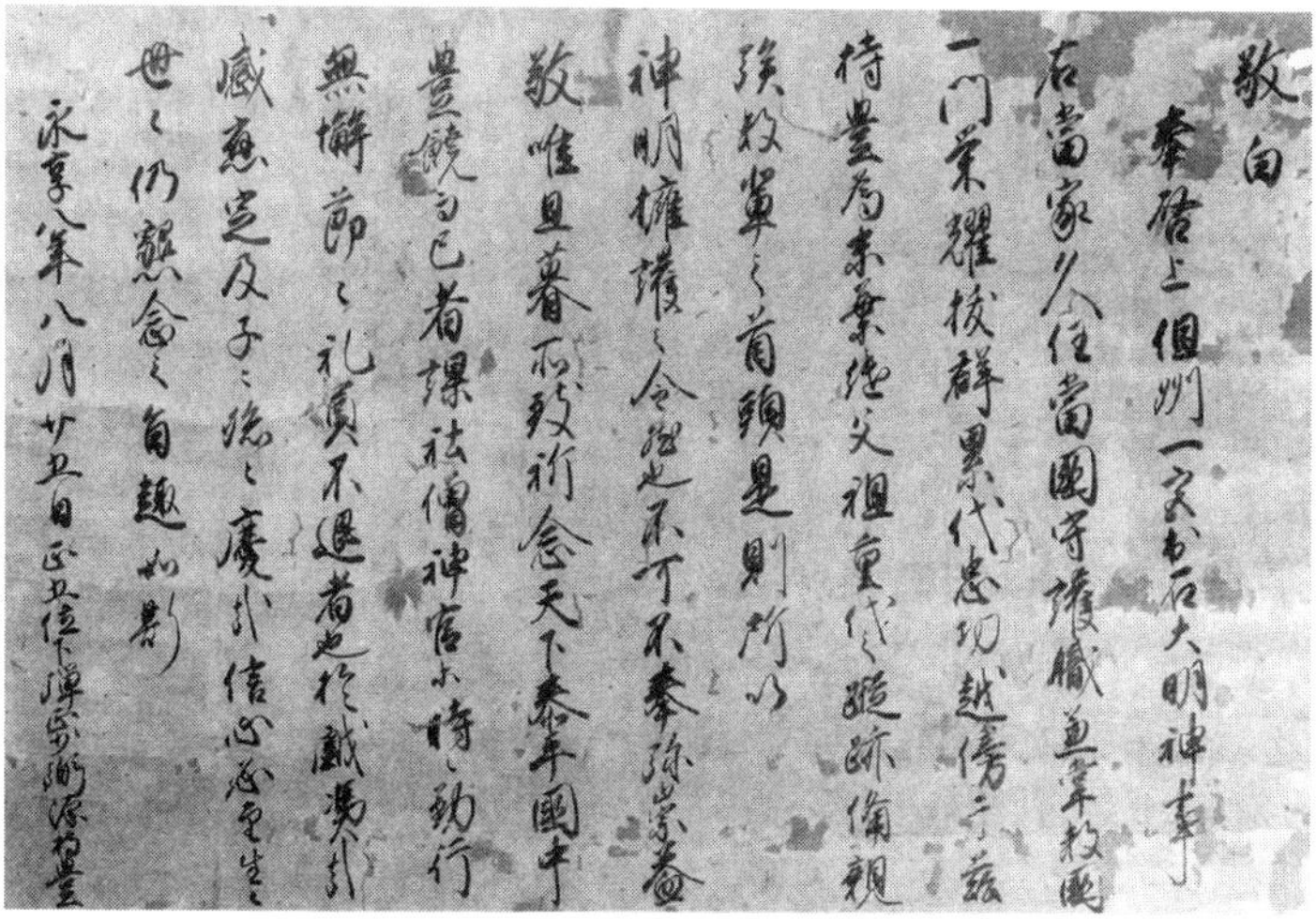

山名持豊願文（個人像，豊岡市教育委員会出石分室提供）

永享八年（一四三六）八月二十五日に、持豊が但馬国一宮である出石神社に納めた願文である。前年七月に父時熙が死去し、一門統括の重責を担うことになった持豊は、出石大明神の加護を頼み、厚い崇敬の念を表明している。

〔釈 文〕

敬白
　奉啓上但州一宮出石大明神事、
右当家久任当国守護職、兼掌数国、
一門栄耀抜群、累代忠功越傍、于茲
持豊為末葉、継父祖重代之蹤跡、備親
族数輩之首頭、是則所以
神明擁護之令然也、不可不奉弥崇益
敬、唯旦暮、所致祈念天下泰平国中
豊饒而已、者課社僧神官等、時々勤行
無懈、節々礼奠不退者也、於戯憑哉、
感応定及子々孫々、慶哉、信心必重生々
世々、仍懇念之旨趣如斯、
　永享八年八月廿五日　正五位下弾正少弼源持豊

伝山名宗全墓

文明５年(1473) ３月18日に死去した宗全は，南禅寺の塔頭真乗院にあった遠碧軒に葬られた．真乗院の境内には宗全の墓と伝えられる五輪塔が残されている．

はしがき

応仁《おうにん》の乱は、百年以上も続く戦国時代の幕開けになったとされる戦乱である。この戦乱において西軍の首領であった山名宗全（出家する前の名前は持豊《もちとよ》）の名は、ライバルの細川勝元《ほそかわかつもと》と並んで広く知られている。ところが、宗全の実像について書かれた文献は驚くほど少ない。

宗全が先例よりも時勢こそ重視すべきことを説いて、「凡《およ》そ例といふ文字をば向後《こうご》は時といふ文字にかへて御心えあるべし」と述べたという『塵塚物語《ちりづかものがたり》』のエピソードは、当時の社会風潮を示す話として有名である。もちろん、『塵塚物語』は中世の末、十六世紀のころに成立した書物とみられるから、宗全が本当にこの発言を行なったかどうか定かではない。しかし、旧来のやり方を踏襲するのではなく、いま現在の状況を判断の基準とすべきだとする言説が、山名宗全という人物の発言として伝えられてきたという事実は、実際にその発言がなされたか否かにかかわらず、彼の生き方を探る上で、また彼の生きた時代を考える上で興味深い。

宗全の生きた時代は、応仁の乱が起きて室町時代から戦国時代へと社会状況が大きく変化する時期にあたっている。時代の変わり目には、しばしば先例に頼る保守的な価値観を暴力的に破壊する人間が登場する。室町幕府―守護体制のあり方が変質する中で、宗全はそのエポックメーカーとも言うべき存在となり、応仁の乱の一方の首領につくという運命をたどった。宗全を論じることは時代の大きな動きを捉えることと密接に関連している。

本書は、これまでの研究成果をふまえながら、宗全（持豊）の事跡と彼の生きた時代を探ろうとするものである。とくに留意したいと思うのは、山名一族と山名宗全の事跡を厳密にたどること、宗全の生涯をたどりながら幕府―守護体制の変質過程を構造的かつ動的に明らかにすること、応仁の乱とは何であったかを検討しこの大乱を戦国期に向かう社会状況の転換の中に位置づけることである。そして、宗全による飛躍的な勢力拡大と宗全死後の山名氏の急速な衰えの理由を探り、宗全という人物の歴史的役割を明確にしていくこととしたい。

なお、本書を執筆するにあたっては、東京大学史料編纂所・豊岡市教育委員会出石分室・山口県文書館・兵庫県香美町法雲寺（山名寺）・京都市南禅寺真乗院をはじめ、多くの機関の方々のお世話になった。厚く御礼申し上げる次第である。また、過去の研究成果を色々と利用させていただいたが、いちいちお断りできなかったところもある。ご海容をお願いしたい。

二〇〇九年七月十五日

川　岡　　勉

目　次

口絵

挿図

第一　山名一族の系譜

一　山名氏の出自

山名義範

山名氏は新田《にった》氏の庶流であり、細川《ほそかわ》・斯波《しば》・畠山《はたけやま》・渋川《しぶかわ》・吉良《きら》氏など足利《あしかが》一門の有力守護家とは出自が異なる。新田氏の祖とされる新田義重《よししげ》の長子義範《よしのり》が上野国《こうずけのくに》山名郷に住して山名三郎と称したのが始まりだとされる（新田氏を継ぐのは義範の弟義兼《よしかね》であり、義重の弟義康《よしやす》を祖とするのが足利氏である）。『吾妻鏡《あづまかがみ》』治承《じしょう》四年（一一八〇）十二月十二日条に、源頼《みなもとのより》朝《とも》を護衛した武士の一人として「山名冠者《かじゃ》義範」の名を認めることができる。山名三郎義範は、源義経《よしつね》に従って一の谷の戦いに参戦し、伊豆守《いずのかみ》を称して頼朝に近侍した。

山名氏発祥の地

現在、群馬県高崎市山名町にある山名八幡宮は、山名氏発祥の地にある神社として山名一族の崇敬を集めた。山名師義《もろよし》や時義《ときよし》による別当職安堵状《べっとうしきあんどじょう》が残されていることから、山名氏が西国を中心に活動するようになる中世後期においても、当社は山名一族と深い関係をもっていたことがうかがわれる。山名八幡宮はもとは現在地の東約一キロの場所にあったようで、当該地に「古八幡」という字が存在し、その周辺が山名郷であったとみられる。一帯は周囲を河川に囲まれた中州に位置し、鎌倉末・南北朝期には河川交通・陸上交通の要地として発達していったことが指摘されている（山本隆志「山名氏と山名郷・山名八幡宮」）。

山名八幡宮

鎌倉時代の山名氏

鎌倉御家人《ごけにん》としての山名氏の歩みについては分からないところが多い。『尊卑分脈』によれば、義範の孫重国が承久の乱で戦功を挙げたとされるが、詳細は不明である。『吾妻鏡』建長《けんちょう》三年（一二五一）六月五日条に収録された五方引付《ごほうひきつけ》には、二番に山名進二郎行直《ゆきなお》、四番に山名中務丞《なかつかさのじょう》俊行《としゆき》の名が見える。同年六月二十日条でも、引付の二番に山名進次郎、三番に山名中務丞の名が見えている。翌四年四月二十九日条の引付では、一番に山名次郎行直、四番に山名中務丞俊行の名が確認できる。翌五年十二月二十二日条でも、一番に山名進次郎、四番に山名中務丞の名が見える。正嘉《しょうか》元年（一二五七）閏《うるう》三月二日条になると、四番に山名中務大夫《たいふ》俊長《としなが》、五番に山名進二郎行忠《ゆきただ》が出てくる。弘長《こうちょう》元年（一二六一）三月二十日条においては、四番に山名中務大夫俊行、五番に山名進次郎行直の名が記されている。このように、鎌倉時代の山名一族には、関東引付衆《かんとうひきつけしゅう》のメンバーとして、訴訟審理の職務にあたった者がいたことが分かる。しかし、正安《しょうあん》三年（一三〇一）八月二十五日、山名俊行は謀反の疑いにより捕らえられて誅伐《ちゅうばつ》されたという（『山名系図』）。

元弘以往の山名氏

『難太平記《なんたいへいき》』には、山名時氏《ときうじ》が「我れ、建武《けんむ》以来は当御代《みよ》の御かげにて人となりぬれば、元弘以往《げんこういおう》はただ民百姓のごとくにて上野の山名といふ所より出で侍《はべ》りしかば、渡世のかなしさも身の程も知りにき。又は軍の難儀をも思ひしりにき」と語ったという話が出てくる。元弘年間以前の山名氏は、「民百姓」のような有り様で目立った働きもみせなかったというのである。ここには、足利将軍家に取り立てられたことが山名氏の繁栄を可能にしたことを強調する意図が含まれており、それ以前の山名氏の活動を過小に描き出している面があると思われる。『鎌倉遺文』に収録された文書の中には、前述した関東引付衆としての活動を示す史料や、丹波《たんば》や備前《びぜん》・出雲《いずも》など西国においても、山名氏が所領支配に関与していたことをうかがわせる史料が認められるのである。とはいえ、鎌倉末・南北朝の動乱が、山名氏の地位を飛躍的に高めていったことは事実であろう。この動乱を経る中で、山名氏は歴史の表舞台にその姿を現してくることになる。

倒幕運動と山名氏

元弘二年（一三三二）、河内《かわち》の楠《くすの》木《き》正成《まさしげ》は、後醍醐《ごだいご》天皇による鎌倉幕府打倒の呼びかけに応えて千早城《ちはやじょう》で挙兵した。翌年、幕府の大軍は幾つかの方面から千早城に押し寄せたが、この時の幕府軍の構成を記述した『楠木合戦注文《かっせんちゅうもん》』には、「大番衆《おおばんしゅう》 紀伊手《きいのて》」の一員として「山名伊豆入道跡」の名前が見えている。山名一族は幕府の命令に従って、反乱軍を討伐するため河内に出陣したのである。ところが、五月に新田義貞《よしさだ》が鎌倉攻めに踏み切ると、山名氏も新田勢に加わっていたことが『太平記《たいへいき》』に記されている。倒幕運動が燃え広がる中で、山名氏は幕府方から離反し、新田氏の惣領《そうりょう》義貞のもとに参陣して鎌倉を陥れたのである。鎌倉幕府の滅亡後、山名一族は義貞に従って上洛したと推測される。

新田方から足利方へ

その後、山名氏は足利尊氏《たかうじ》に従うようになったと思われ、建武元年（一三三四）九月に後醍醐天皇が賀茂《かも》社《しゃ》に行幸《ぎょうこう》した時、これに供奉《ぐぶ》した尊氏の軍兵の中に山名近江守《おうみのかみ》兼義《かねよし》の名前が見える（『小早川家文書』）。各種系図によれば、兼義は山名政氏《まさうじ》の子で、時氏の弟にあたる人物である。政氏・時氏父子も尊氏方に帰属したものとみられ、まもなく尊氏が建武政府から離反すると行動をともにした。同二年十二月十一日の伊豆の中山合戦では、山名伊豆守（時氏）が「日大将」として新田勢との戦闘にあたっている（『熊谷家文書』）。翌三年の京都周辺の合戦でも、足利軍の中に「大将軍山名伊豆守」の活動が認められる（『三浦家文書』）。

山名氏台頭の基礎固め

建武四年、時氏は室町幕府から伯耆国守《ほうきのくにしゅ》護職《ごしき》に任じられ、のち出雲・丹波・若狭《わかさ》などの守護職も得て山名氏台頭の基礎を固めた。時氏は南朝攻めにも登用されて、貞《じょう》和《わ》三年（一三四七）には時氏を大将とする幕府の軍勢が天王寺《てんのうじ》に発向し、楠木勢と合戦を繰り広げている。

山名時氏画像（『肖像集』より，国立国会図書館所蔵）

観応の擾乱

観応《かんのう》の擾乱《じょうらん》では、時氏は当初は尊氏・

高師直《こうのもろなお》の側についたようであるが、のち足利直義《ただよし》方に転じて南朝に服属した。直義の死後、いったん尊氏方に帰参したと思われるが、やがて直義の養子直冬《ただふゆ》を擁して南朝方に転じた。時氏は伯耆を拠点としながら、出雲・隠岐《おき》・因幡《いなば》など周辺の山陰諸国も打ち従え、たびたび京都に進攻して室町幕府を脅かすのである。

幕府に帰参

貞治《じようじ》二年（一三六三）九月、安芸《あき》・備後《びんご》など山陽方面における直冬の勢力後退が顕著になる中で、時氏は五ヵ国の守護となることを条件に幕府に帰参した。時氏が伯耆・丹波、息子の師義・氏冬《うじふゆ》・時義がそれぞれ丹後《たんご》・因幡・美作《みまさか》の守護にそれぞれ任じられて、山名一族は強大な勢力を確保した。『太平記』によれば、人々は「多く所領を持たんと思はゞ、只御敵にこそ成べかりけれ」と羨んだという。時氏は暦応《りやくおう》四年（一三四一）、京都から出奔した塩冶高貞《えんやたかさだ》を追撃・殺害した功により、侍所職《さむらいどころしき》を授かったとされており（『山名系図』）、幕府帰参後も、引付方頭人《とうにん》となって足利政権に重用された。

強大化の要因

このように、山名時氏は南北朝の内乱の中から一代で頭角を現した。それを可能にした要因として、勇猛な戦闘能力もさることながら、中央政府が二つにも三つにも分裂するという南北朝期固有の時代状況によるところが大きい。時氏は、ある時は足利政権の重責を担い、またある時は南朝と同盟し反幕府勢力の支援をうけて活動するなど、情勢に機敏に対応しながら、最終的に幕府との妥協の道を探ることで強大化を果たしたのである。

二　明徳の乱と山名氏

山名氏の分国

応安《おうあん》四年（一三七一）二月二十八日、時氏は七十三歳で病死し、伯耆の光孝寺《こうこうじ》に埋葬された。「無道の勇士、もって命終る、結句また短命にあらず、大幸の者なり」（『後愚昧記《ごぐまいき》』二月晦日条）と記されている。時氏の分国《ぶんこく》のうち、伯耆は嫡子《ちゃくし》師義（師氏《もろうじ》）に、丹波は息子の氏清《うじきよ》に継承され、まもなく師義は但馬《たじま》の守護職も獲得した。師義が永和《えいわ》二年（一三七六）に死去すると、弟の時義が嗣子《しし》となって惣領の座についたとみられる。以後も、同四年に南朝攻めの功績により紀伊《きい》や和泉《いずみ》が一族の分国となり、翌康暦《こうりゃく》元年（一三七九）には細川氏の失脚にからんで出雲・隠岐・備後も分国化するなど、山名氏の勢力はさらに拡大した。その後、備後は山名氏の手から離れたようであるが、山城《やましろ》が氏清の分国となり、山名氏は一族で十一ヵ国もの守護職を握った。日本全国六十六ヵ国のうち、六分の一が山

六分の一家衆

名氏の分国であったことから、山名氏は、「六分の一家衆」と呼ばれたという。しかし、

時義の兄弟たちや師義の子息がそれぞれに諸国の守護職を得たことにより、一族の内部に反目の芽が生じ始めていた。そうした事情に付け込んで山名氏の弾圧に踏み切るのが、三代将軍として幕府の実権を握った足利義満《よしみつ》である。

義満の示威行動

『明徳記《めいとくき》』には、「武恩大ナルニ驕《おごり》テ此一家ノ人々、毎事上意ヲ奉二忽緒一体《こつしよたてまつるてい》ナリシ中ニ、山名伊予守《いよのかみ》時義、但馬国ニ在国シテ京都ノ御成敗ニモ不レ応《こたえず》、雅意ニ任テ振舞ケル」と記されている。但馬に在国する山名時義が将軍家の上意をないがしろにし、京都の成敗に応じなかったというのである。康応《こうおう》元年（一三八九）三月、義満は厳島《いつくしま》参詣に名を借りて大船団を率いて西国に下った。中国地方の山名氏・大内《おおうち》氏、四国の細川氏・河野《こうの》氏らと対面し、さらには九州にまで足を延ばして西国の諸勢力を威圧しようとしたのである（実際には周防三田尻の先で大風のため引き返しており、九州まで

(明徳の乱以前)

下向してはいない）。この時、山名氏の惣領時義は病と称して参上せず、嫡子の時熙《ときひろ》を差し向けて備後尾道《おのみち》で義満一行のもてなしをさせている（『鹿苑《ろくおん》院殿《いんどの》厳島《いつくしま》詣《もうで》記《き》』）。この年五月に時義は但馬において四十一歳で亡くなっているが、その子時熙や氏之《うじゆき》（師義の子息で時義の養子）らも義満からの上洛命令に従わなかったとされる。

時熙・氏之討伐

強大な将軍家の上意を確立することにより有力守護の勢力削減をはかる義満は、在国して京都の成敗に従おうとし

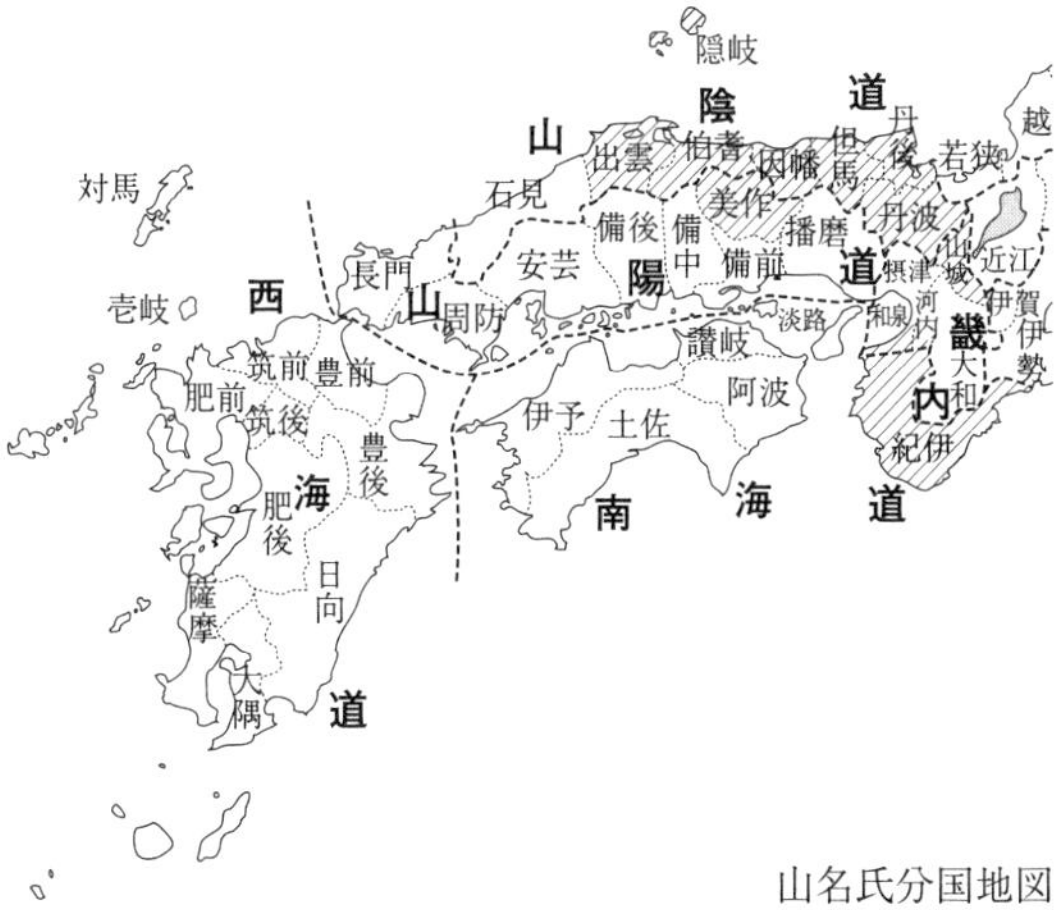

山名氏分国地図

山名氏略系図 1

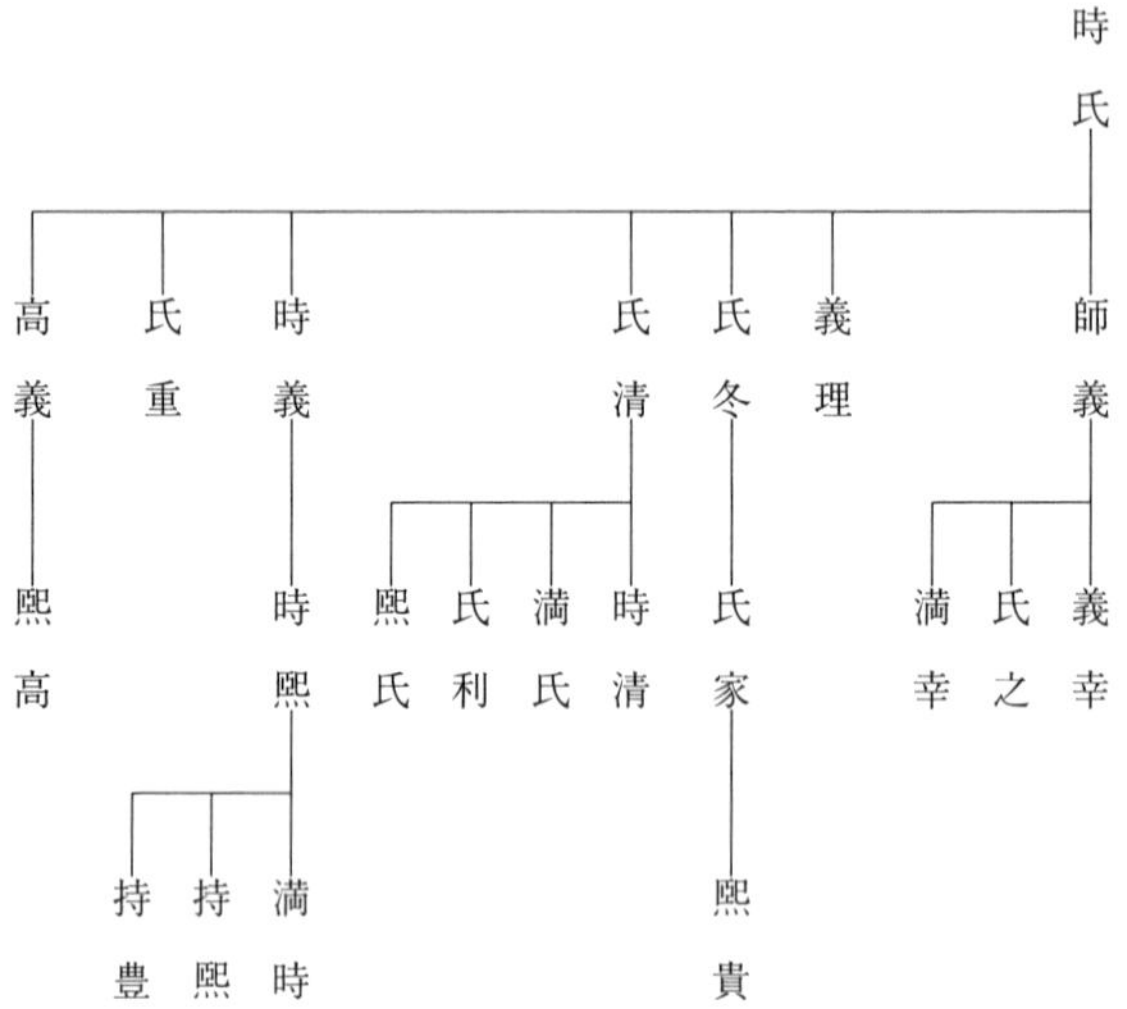

ない山名氏の討伐を決意した。翌明徳《めいとく》元年（一三九〇）、義満はまず、山名時熙と氏之を討伐する命令を山名氏清と満幸《みつゆき》に下した。『明徳記』によれば、氏清は一族の者を退治するのは山名一家の衰微につながるとしながらも、上意には背きがたいとして討伐に下ったという。時熙方は但馬を追い落とされて、備後に逃亡した。その結果、時熙・氏之の分国は取り上げられて、但馬は氏清に、伯耆と隠岐は満幸に与えられた。ところが、次の年になると義満は時熙・氏之を赦免し、逆に満幸の出雲国守護職を取り上げて京都から追放した。これに反発する満幸は叔父氏清を説い

明徳の乱

て挙兵を促し、山名義理《よしまさ》・氏家《うじいえ》らとともに京都へ進撃を開始した。同二年十二月三十日、京都内野の戦闘で山名氏清をはじめ弟高義《たかよし》、有力家臣である小林修理亮《しゅりのすけ》（『明徳記』では小林上野守）、土屋党（垣屋《かきや》一族）などが多数討死を遂げた（『明徳記』によれば土屋党の戦死者は五十三人にのぼったとされる）。この時の合戦が明徳の乱と呼ばれるものである。京都から逃亡した満幸は丹後へ、義理は紀伊に落ち延びた。その後、満幸は伯耆や出雲を拠点に抵抗を試みたが、応永《おうえい》二年（一三九五）三月に京都で討ち取られている。明徳の乱の結果、山名一族の勢力は大きく後退することになった。

明徳の乱の主要因

この戦乱の主要因は一族内部の主導権争いではない。義満は、初めは時熙らが上意に背いたという理由で討伐を命じ、次にはやはり上意をないがしろにしたとして満幸を追放したのである。義満は時義死後の惣領の座をめぐる複雑な反目的関係に付け込んで、山名一族の分裂を策したのである。ここでは、かつての山名時氏・師義父子の時代との違いが明瞭である。時氏の時代には、中央政府の分裂に乗じて南北両朝のいずれかと結び、流動的な政治情勢に対応して同盟先を変えながら、自らを高く売りつけることで強大な力を確保することができた。

将軍権力の優越

これに対して、明徳の乱が起きた時代、義満はすでに中央政府の分裂状態を克服して、室町将軍家の側に権力の一元化を達成しつつあった。

義満の主導権のもとで北朝と南朝の講和が実現するのは、明徳三年のことである。山名氏清が述べたように、もはや将軍の上意に背くのは不可能であり、上意に逆らうことは守護の座を失うことを意味していた。義満は有力守護を弾圧し、勢力削減をはかることで、上意の優越性を確立しようとしており、最大の勢力を誇った山名氏がその標的とされたのである。

三　応永の乱と山名氏

明徳の乱の結果、山名氏の分国は但馬・因幡・伯耆という山陰の三国に縮小され、残りの分国は他の守護家に配分された。中でも、明徳の乱を鎮圧する上で戦功の大きかった大内氏は、和泉・紀伊の両国を得て六ヵ国守護となり勢力を広げた。そうなると、大守護家の勢力削減をはかる義満の矛先は、今度は大内氏に向けられた。大内氏を挑発して幕府への反乱を起こすように仕向けたのである。応永六年(一三九九)、大内義弘《よしひろ》は和泉堺に立て籠り、幕府軍と戦って敗死した。これが応永の乱である。この時、故氏清の嫡子宮田《みやた》(山名)時清《とききよ》が大内氏に呼応して丹波で挙兵し、山名時熙は幕命により出陣してこれを鎮圧している。時熙は堺攻めにも合流して、義弘討伐で戦功を挙げた。

勢力回復の契機

応永の乱は、山名一族にとって勢力回復のきっかけとなった。応永八年に山名時熙が備後の守護職を回復したのをはじめ、翌九年には山名氏利《うじとし》が石見《いわみ》、翌十年には山名満氏《みつうじ》が安芸を拝領した。一族の分国は六ヵ国に増えたのである。この時に獲得した三国は、大内氏が応永の乱後も勢力を確保した周防《すおう》・長門《ながと》を山陰と山陽の両方面から牽制する位置にある。山名氏には、幕府に抵抗する姿勢を続けた大内氏を封じ込める役割が期待されたとみられる（岸田裕之『大名領国の構成的展開』）。備後と安芸の分国化は、山名氏が瀬戸内海沿岸に足場を確保する上でも重要であった。

山名時熙画像（楞厳寺所蔵）

義持の後継者選出

応永十五年、権力の絶頂にあった義満が急死すると、時熙は新たに将軍家の当主となった義《よし》持《もち》の治世を支えた。応永三十五年、義持が死去した時、後継者の選出について協議するため、管領《かんれい》畠山満家《みついえ》・斯波義淳《よしあつ》・細川持元《もちもと》・畠山満則《みつのり》、そして山名時熙の五人が三宝院満済《さんぼういんまんさい》のもとに集まった。六十二歳の時熙が最長老で、畠山満家と満則が五十七歳、義淳と持元は三十二歳と三十歳で、当時の幕閣の中枢にいた面々である。彼らは義持の遺言が示されない中で籤《くじ》によって後継将軍を決定することを申し合わせ、満済が籤を書いて封をし、時熙がその上に書封し、管領畠山が開封した。こうして選ばれたのが六代将軍義教《よしのり》である。

時熙の果たした役割

明徳の乱で分国が縮小された後、山名氏が勢力を回復する上で時熙の果たした役割には誠に大きなものがある。時熙は戦死した氏清や高義らの遺児を保護しながら、分裂した一族を再結集させるため尽力した。惣領時熙のもとで、氏清の子満氏が安芸国守護、同じく氏利が石見国守護に就任し、高義の子熙高《ひろたか》も氏家の後の因幡国守護となっている。一族の子で仏門に入った瑞巖龍惺《ずいがんりゅうせい》のように、時熙のバックアップをうけて高僧となった者もいる。応永三十年十二月三十日、時熙は伯父であり妻の父でもある氏清の三十三回忌法要を盛大に営んだ。この時、氏清の子熙氏《ひろうじ》が写経を行なったとされる。また、同じ日に熙高の父高義の三十三回忌も営まれている。時熙を中心とする山名一族の自信回復の表れということができよう。

幕府の重鎮

一方で、時熙は義満・義持・義教のもとで幕政を支え、室町幕府の最盛期をもたらした。応永の乱後しばらくは大きな戦乱が起こらず、室町幕府の支配には安定的な状態が続いている。この時期には、幕府料所《りょうしょ》や荘園年貢《しょうえんねんぐ》の京上《きょうじょう》が復活したとされ、山名時熙も守護として分国における荘園制システムの維持に努めている。応永二十一年には時熙の嫡子満時《みつとき》が侍所別当に就任し、山名勢は京都を守る軍事力としても重要な役割を果たした。義持の晩年から義教の治世期には、時熙は幕府の重鎮として管領家をしのぐほどの大きな発言力を保持したのである。

禅宗保護

　時熙が禅宗を重んじ、京都や分国の寺社興行に努めたことはよく知られている（小坂博之『山名常熙と禅刹』）。京都の南禅寺栖真院《なんぜんじせいしんいん》、大和《やまと》の片岡達磨寺《かたおかだるまでら》、但馬の楞厳寺《りょうごんじ》・大明《だいみょう》寺《じ》・円通寺《えんつうじ》・大同寺《だいどうじ》などは、時熙の手によって造営・復興・保護された寺院である。時熙には高い教養もあり、漢詩や和歌・連歌《れんが》をはじめ各種芸能にも秀でていた。彼は五山《ござん》の高僧たちと交友を重ね、「文武全才、当朝の一老」（『東海璚華集《とうかいけいかしゅう》』）、「寛猛兼行」（『懶室漫稿《らんしつまんこう》』）、「何ぞ其れ詩客文士か」（『懶室漫稿』）などと称賛されている。但馬浜坂《はまさか》（兵庫県新温泉町）の楞厳寺には剃髪し僧衣を着て袈裟《けさ》を掛けた時熙の画像が残されており、彼のどっしりとした風貌をうかがうことができる。

第二　山名持豊の登場

一　山名時熙の子息たち

持豊の出生

『但馬村岡山名家譜』によれば、山名持豊《もちとよ》は応永《おうえい》十一年（一四〇四）五月十九日、山名時熙《ときひろ》の子息として出生したとされる（幼名小次郎）。持豊は同二十年正月に十歳で元服《げんぷく》し、将軍義持《よしもち》より「持」の字を賜って持豊と称したという。

猶子と次男

『康富記《やすとみき》』応永二十九年二月二十八日条には、前年十二月に下向した山名上総介《かずさのすけ》と同弾正《だんじょう》が備後《びんご》から上洛したとする記事があり、上総介については「金吾猶子《きんごゆうし》」、弾正は「金吾次男」と記されている。金吾が右衛門督《うえもんのかみ》時熙を指すことから、これは時熙の猶子と次男の上洛を伝えたものである。一方、『満済准后日記《まんさいじゅごうにっき》』同三十五年四月二十三日条には、三日病にかかった時熙の後継者が話題となり、刑部少輔《ぎょうぶのしょう》・弾正の兄弟のうち、父時熙は弟弾正に申し付けようとしたところ、将軍義教《よしのり》は多年昵懇《じっこん》の奉公者である兄刑部少輔を不便に思い、刑部を後継者とするよう働きかけようとした記事が認められる。この時は時熙の病が回復したため、後継者の決定はなされなかったようである。

山名上総介と弾正

　両書には山名上総介・弾正・刑部少輔の実名は書かれていないが、『永享《えいきょう》以来《いらい》御番《ごばん》帳《ちょう》』には、「御相伴衆《ごしょうばんしゅう》」として山名右衛門督入道常熙《じょうき》（時熙）・同修理《しゅり》入道《にゅうどう》常勝《じょうしょう》（教清）・同弾正少弼《しょうひつ》持豊・同上総介熙高《ひろたか》の名が見える。これにより、時熙の猶子であった山名上総介は、応永三十年十二月三十日に山名氏清《うじきよ》の弟高義《たかよし》の三十三回忌を営んだ上総介熙高であることが判明する。熙高は明徳《めいとく》の乱で戦死した高義の子で、この当時、因幡《いなば》の国《くに》の守護職《しゅごしき》にあったことが知られる。猶子とあることから、時熙に養われていたものとみられる。刑部少輔については、同二十六年十一月二十七日に従五位下《じゅごいのげ》・刑部少輔（『歴《れき》名土代《みょうどだい》』）となった山名持熙《もちひろ》とみてよいだろう。そして、前述の『康富記』と『満済准后日記』の記事中に見える弾正とは、弾正少弼持豊を指すと考えて間違いないであろう。持豊は時熙の次男、持熙の弟ということになる。

満時の早生

　ただし、時熙にはもう一人、早死にした男子がいた。『看聞日記《かんもんにっき》』応永二十七年（一四二〇）閏《うるう》正月二十一日条に「山名右衛門佐《すけ》入道の嫡子死すと云々」と記され、『康富記』翌日条には「山名修理大夫《しゅりのだいぶ》満時《みつとき》、卒せらる（この三年、違例せらる、虚気夭し病と云々）、二十五歳と云々」と書かれた人物である。時熙には後継者として期待した嫡子《ちゃくし》満時がいたが、二十五歳という若さで先立たれてしまったのである。

満時への期待

応永二十一年、十九歳の年齢で満時（当時は宮内少輔《くないのしょう》）は侍所頭人《さむらいどころとうにん》に就任している。幕府《ばくふ》の重鎮である父時熙の後見があってのことであろう。同二十三年十月七日、義持の伏見下向に御供した大名の一人は「山名子息」であったとされるが、これも満時の可能性が高い。『看聞日記』翌二十四年正月二十三日条によれば、恒例の山名亭御成《おなり》の際に山名氏の歓待に喜んだ義持は、子息伊予守《いよのかみ》を刑部大輔に、時熙を右衛門佐から右衛門督に昇進させている。子息伊予守というのも満時であったろう。『康富記』同年九月二十五日条には、「今日室町殿《むろまちどの》（義持）、山名金吾禅門（時熙）のもとに御成と云々、同じく子息刑部少輔満時亭に御成、大御酒と云々」とあり、満時の官途《かんと》を刑部少輔と記している。満時は将来の山名氏を担う存在として将来を嘱望され、義持にも目をかけられていたとみられる。同二十七年に満時に先立たれた時、父時熙の愁嘆は深かった。時熙は満時の菩提所《ぼだいしょ》として南禅寺《なんぜんじ》に栖真院《せいしんいん》を造営し、故満時は「栖真院殿」と呼ばれることになる。

三男持豊

満時が嫡子であったことからみると、持豊は次男ではなく、三男とみるのが妥当ということになる。持豊を「次男」とする『康富記』の記事は満時の死後に書かれたものであったため、時煕の残った二人の息子のうち、二番目という意味で次男としたのかもしれない。

二　持豊の家督継承と兄持煕との対立

持煕と持豊

嫡子満時の死は、父山名時煕の家督《かとく》継承の目算を狂わせることになった。後継者として浮上したのが、満時の弟である持煕と持豊である。持煕は満時が死ぬ三ヵ月ほど前、応永二十六年（一四一九）十一月二十七日に従五位下、刑部少輔に任じられている（『歴名土代』）。持豊の方も、まもなく弾正忠《だんじょうちゅう》の官途を得たようで、同二十八年十二月に備後国《こく》人《じん》退治のため、山名上総介煕高とともに下向したことはすでに述べた。当時、持豊は十八歳の若武者で、敵は合戦に及ばず退散したため、翌年二月二十八日に京都に帰っている。

義持と持煕

この後、持煕が足利義持に近侍して活動した記事が多く見出されるようになる。応永三十年三月と十一月の伊勢参宮《いせさんぐう》、同六月の院の御所への参上、同月の北野社参籠《さんろう》など、いずれも義持に随行したメンバーの中に山名刑部少輔持煕の名が認められる。院参の記事には「御供近習《きんじゅう》」五名のうちの一人として書き上げられており、持熙は義持の近習衆となっていたことが分かる。同三十二年正月の義持の御成にも、持熙が付き従っている。

義量と持豊

一方、応永三十年八月、新将軍となった足利義量《よしかず》が山名時熙亭に御成をした際に、山名方は鞍を置いた馬を進上し、直垂《ひたたれ》を着した弾正忠がこれを引いたとする記事が認められる（『花営三代記《かえいさんだいき》』）。この弾正忠は持豊であったとみてよかろう。兄持熙が義持の近習として幕府に仕えたのに対し、持豊は父時熙を支えて活動していたことが読み取れる。持熙は同三十一、三十二年と三十五年の正月十五日に将軍家の垸飯《おうばん》に出仕しており、三十二年の記事からはそれが父時熙の代理であったことが分かる。なお、同三十五年正月十五日の垸飯には義持は病のため姿を見せておらず、その三日後に四十三歳で亡くなってしまった。翌月、細川讃岐入道《さぬきにゅうどう》（義之）と山名刑部少輔持熙の両人が義持の納骨に供奉している。

新将軍義教

管領《かんれい》畠山満家《はたけやまみついえ》や山名時熙・三宝院満済《さんぼういんまんさい》らの計らいによって、新しい将軍は籤《くじ》により選ばれることになった。こうして選出されたのが、六代将軍義教（当初は義宣《よしのぶ》と称した）である。義教は応永三十五年四月二日に初めて山名亭を訪れている。この当時、三日病と呼ばれる病気が流行っており、義教も四月十二日にこの病に罹った。義教の場合は十四日には平癒《へいゆ》したが、僧侶や官人・武家の者たちの間に三日病で倒れる人々が相次いだ。

時熙の後継者選定

二十三日には三日病で山名時熙の生命が危ぶまれる事態となり、時熙の後継者を定めておく必要が出てきた。『満済准后日記』同三十五年四月二十三日条によれば、兄刑部少輔（持熙）と弟弾正（持豊）の両人のうち、父時熙は持豊に家督を継がせるよう申しつけたところ、将軍義教は多年にわたり幕府に奉公してきた持熙を不憫に思い、持熙に相続させるよう時熙に仰せつけるべく管領畠山満家との相談を満済に命じたという。その後の経過は明らかでないが、時熙の病が回復したため、この時、後継者の決定はなされなかったようである。とはいえ、時熙は幕府宿老の中で最年長の六十二歳になっており、遠くない時期に持熙・持豊兄弟が家督の座をめぐって衝突するのは避けがたい情勢であったろう。

足利義教画像（妙興寺所蔵）

御供衆持熙

　義持と同様、義教は持熙を側近くに置いて召し使っていたようで、持熙は義教の使者として所々に赴いたり、御所への来訪者を案内したりしている。永享《えいきょう》二年（一四三〇）と三年、正月の垸飯を勤仕《ごんし》したのも持熙であった。彼は同二年、正月の的始《まとはじめ》の儀式では矢取《やとり》の役を務め、二月には室町御所の蹴鞠会《けまりえ》にも参加している。『永享以来御番帳』にも、御供衆として持熙の名前が認められる。

持熙、義教の勘気を蒙る

ところが、永享三年五月、持熙が将軍義教の勘気を蒙るという事件が起きる。この事件については、『満済准后日記』同年五月六日条に「山名刑部少輔の事、仰せらる旨これ在り」と記されたのが、史料にみえる最初である。次いで同月二十四日条には「山名刑部少輔の事、今度の振舞、この間の儀共、もってのほかの様なり」と書かれている。どのような振舞いがあったのか詳細は不明であるが、持熙が義教の機嫌を損ねる行為をしでかしたことがうかがわれる。とはいえ、宿老である父時熙の心中を思うと公方《くぼう》として簡単に処罰するのは憚られる、持熙を元どおり出仕させるか遠国《おんごく》へ下らせるかは時熙の所存に任せる、というのが義教の判断であった。義教の後ろ盾を背景に家督継承をねらってきた持熙は、この事件により決定的なダメージをうけ、京都を追われたようである。翌四年以降、持熙に代わって山名弾正少弼（持豊）が垸飯に出仕するようになる。

持豊への相続

永享五年八月九日、義教は時熙の跡目を弾正少弼持豊に譲り与えるように指示した

(『満済准后日記』同日条)。時熙はこれをよろこんで受け入れ、持豊は義教から二通の御教《みぎょう》書《しょ》を拝領した。一通は四ヵ国(但馬《たじま》・備後・安芸《あき》・伊賀《いが》)守護職、もう一通は「新本知行所々」の権利を認める御教書であった。御教書を授かる前に山名父子は同道して御所に参り、折紙銭《おりがみせん》と太刀を進上した。帰路に父子は満済のもとを訪れ、持豊が満済に三千疋(三十貫文)を渡している。満済は「誠に存生の間、四ヵ国守護職以下を与奪し、悉《ことごと》く無《ぶ》為《い》の相続、珍重、祝着、推察の限りに非ざることか」と書き記している。

武家の家督相続

満済がこのように書いたのは、当時、武士の家の相続が決してスムーズに運んではいなかったからである。むしろ、武家の家督相続をめぐって対立や紛争が相次いでいた。この永享五年に限ってみても、大内《おおうち》氏の家督をめぐって持世《もちよ》と持盛《もちもり》が合戦を繰り広げ、同年四月八日に持盛が戦死している。同年十一月末、前管領の斯波義淳《しばよしあつ》が危篤に陥った時には、義教は相続人たる左衛門佐に一家惣領職《そうりょうしき》としての器量が乏しいとみて、相国《しょうこく》寺《じ》の僧になっていた兄を還俗《げんぞく》させて後継者につけようとはかった。義教は斯波氏内衆《うちしゅう》の代表である甲斐《かい》・飯尾《いのお》氏らに上意を伝え、彼らが上意を受け入れることにより新当主が決定している。守護家の相続にあたっては、将軍の意向が強く作用したことが分かる。安芸の国人小早川氏においても、正月に当主の則平《のりひら》が死去した後、子息の熙平《ひろひら》・持平《もちひら》の間で不和が生じ、一族・内者が兄弟のうちのどちらに従うかによって、相続人を決定するという方式が示されている。

今川氏の場合

駿河《するが》の守護今川氏の場合は、範政《のりまさ》の嫡子彦五郎《ひこごろう》・次男弥五郎《やごろう》・末子千代秋丸《ちよあきまる》の間で紛争が続いており、将軍義教は「簡要は国の儀」（分国内の意見こそ重要）だとして駿河国人や今川氏内衆の意向を探らせる一方、嫡子彦五郎に相続させる考えを示して国人・内衆らの「簡要は上意たるべし」（誰に決まろうとも義教の上意に従う）とする発言を引き出している（『満済准后日記』永享五年六月一日条）。義教は国人・内衆の了解を取り付けることで、父範政の意向とは異なる上意の裁定を押し付けようとしたのである。この今川氏の家督相続においては、幕府の内部でも管領細川持之《もちゆき》が弥五郎を支持し、山名時熙が千代秋丸を推す動きを示している。各地で守護家の内部分裂が生じて、将軍家や細川・山名・畠山氏ら幕府宿老を頼んで対立し合うという構図が展開していたのである。こうした状況こそが、後年の応仁《おうにん》の乱に結びつく動きであった。

持豊の代理出席の増加

永享六年二月二十七日、義教若君の又七夜《またしちや》の祝に時熙がいったん参勤したが、その後は持豊が代理で参勤している。同年十一月の山門攻撃には、時熙は出陣せず、代理として持豊が出陣した。翌七年三月二十一日の北野参籠・万句連歌《まんくれんが》にも時熙は欠席し、持豊の代理出席が確認される。「所労により子息弾正少弼参る」と記されており（『満済准后日記』永享七年三月二十一日条）、高齢の時熙は病気がちになったものとみられる。

大　明　寺

時熙の死

永享七年七月四日、山名時熙は六十九歳で死去した。彼の法名は「巨川《きょせん》常熙」であり、諡号《しごう》は「大明寺殿《だいみょうじ》」と称し、但馬黒川の雲頂山《うんちょうさん》大明寺（兵庫県朝来市）が菩提所とされた。時熙の死を記した『師郷記《もろさとき》』同日条には、「水腫所労」と書かれている。また、『看聞日記』同日条には「遺跡、兄弟相論籍乱すべきか」と書かれている。すでに持豊への相続がなされていたとはいえ、時熙の死をきっかけに家督の座をめぐる争いが起きることは十分に予想されたのであろう。

持豊の願文

永享八年八月二十五日、持豊は但馬国

出石神社

の一宮《いちのみや》である出石《いずし》神社（兵庫県豊岡市）に願《がん》文《もん》を納めた（口絵参照）。この中で持豊は、当家が久しく但馬国の守護職に任じられ、数ヵ国の分国《ぶんこく》を確保し、一門の栄耀が抜群で累代の忠功は他家を凌駕していることを述べた上で、持豊がその末裔として先祖代々の跡を継ぎ、親族らの首領となったことを誇らしく報告している。そして、それはひとえに出石大明神の加護によるものであるとして、厚い崇敬の念を表明し、社僧・神官らの勤行《ごんぎょう》や折々の供物を怠りなく続けることを誓うのである。神の前で一門統括の重責を担う決意を力強く宣言したものといえよう。しかし、このように主張する背景には、家督相続に伴う不穏な情勢が存在しており、神の加護により困難を乗り切ろうとする思いが込められていたとみられる。実際、この年の末には、持熙に上洛の企てありとする風聞が流れている。兄持熙を葬り去ることなくして、持豊の権力は真に確固たるものになりえなかったのである。

持熙の謀反

永享九年、持熙は幕府に敵対する姿勢を鮮明にした。その発端は、七月十一日夜の大《だい》覚寺《かくじ》門跡《もんぜき》義昭《ぎしょう》の逐電事件である。『師郷記』同年七月十二日条によれば、この時、山名刑部少輔すなわち持熙が義昭に付き従っていたという。義昭は将軍義教の異母弟で、籤引きに敗れて将軍になりそこねた人物であり、義教に不満を抱く人々を糾合して謀反《むほん》を企てたのである。『看聞日記』同年七月二十三日条には、義昭の味方についた人物として、大和《やまと》の越智《おち》維通《これみち》や伊勢の北畠《きたばたけ》氏と並んで「山名宮内少輔《くないのしょう》」の名が挙げられている。宮内少輔の実名は定かでないが、刑部少輔持熙その人であったのではなかろうか。義昭は河内《かわち》の楠木《くすのき》一族ともつながり、また関東の足利持氏《もちうじ》と示し合わせていた可能性も指摘されている（今谷明『足利将軍暗殺』）。義教により家督の座から排除された持熙は、義教に敵対する諸勢力による大がかりな反乱に加わろうとしていたのである。

持熙の敗死

永享九年七月二十五、二十六日、持熙は山名氏の分国の一つである備後国に乱入し、軍勢を集め城郭を構えて兵を挙げた。『薩戒記《さつかいき》』同年八月一日条によれば、持熙が立て籠ったのは国府城《こくふじょう》であったとされる。国府城とは、備後国府の北方に位置する八尾山《やつおさん》城《じょう》（広島県府中市）を指していると思われる。しかし、まもなく持豊方の軍兵が攻め寄せて合戦に及び、持煕はあえなく討ち死にしてしまった。討ち取られた持煕の首は、直ちに京都へ送られている。持煕の動きからは備後国内に持煕を支持する勢力がいたことがうかがわれ、当時の持豊の基盤は決して盤石なものでなかったことが分かる。とはいえ、持煕の敗死によって、持豊の惣領の地位はようやく確実なものになったといえよう。こうして山名一門の総帥の座についた持豊は、室町幕府の重鎮としての道を歩み始めることになる。時に、持豊は三十四歳であった。

第二　室町幕府―守護体制と山名持豊

一　持豊の侍所頭人就任

洛中所領の引き渡し命令

永享《えいきょう》十二年（一四四〇）六月十三日、山名右衛門佐《うえもんのすけ》（持豊《もちとよ》）に宛てて洛中の土地を清和院《せいわいん》に引き渡すよう命じる室町幕府御教書《みぎょうしょ》が出された（『集古文書』）。この土地は以前は土岐《とき》持頼《もちより》が所持していた正親町《おおぎまち》富小路《とみのこうじ》東北頬の敷地で、正親町通を隔てて清和院の境内《けいだい》と隣接する場所にあたる。将軍義教《よしのり》が清和院の主張する権利を認めて、持豊にその土地の引き渡しを命じたものである。

また、同月十六日、義教は小早川持平《もちひら》の知行《ちぎょう》する所領を弟の熙平《ひろひら》に与えた（『小早川家文書』）。これをうけて、伊予《いよ》国内の知行地を熙平の代官に引き渡すように命じる御教書が河野六郎《こうのろくろう》（教通《のりみち》）に、安芸《あき》国内の知行地を熙平代官に引き渡す命令が山名右衛門佐に、そして洛中の土地を熙平代官に引き渡す命令も山名右衛門佐に宛てて出されている。河野教通と山名持豊は、それぞれ伊予と安芸の守護職《しゅごしき》として国内所領の引き渡しを幕府から命じられたわけであるが、最後の事例は、持豊が洛中の支配にあたっていたことを示している。清和院の事例とあわせて考えると、持豊は父時熙《ときひろ》から譲りうけた但馬《たじま》・備後《びんご》・安芸・伊賀《いが》の守護職に加えて、京都を管轄する侍　所《さむらいどころ》の頭人《とうにん》（所司《しょし》）として活動していたものと考えられる。

侍所頭人

当時の侍所は、洛中の治安警察機能や土地の権利保証などを職務としており、山名・赤松・京極《きょうごく》・一色《いっしき》の四氏が交互に頭人に任命されていた。幕府の管領《かんれい》を務めた斯波《しば》・細川・畠山の三氏が「三管領」と呼ばれたのに対し、侍所頭人に任じられる四氏を「四職《ししき》」と称する。彼らは室町幕府の大名家の家格としては最高位の「相伴衆《しょうばんしゅう》」に列し、将軍の御成《おなり》

三管領・四職

室町幕府の職制

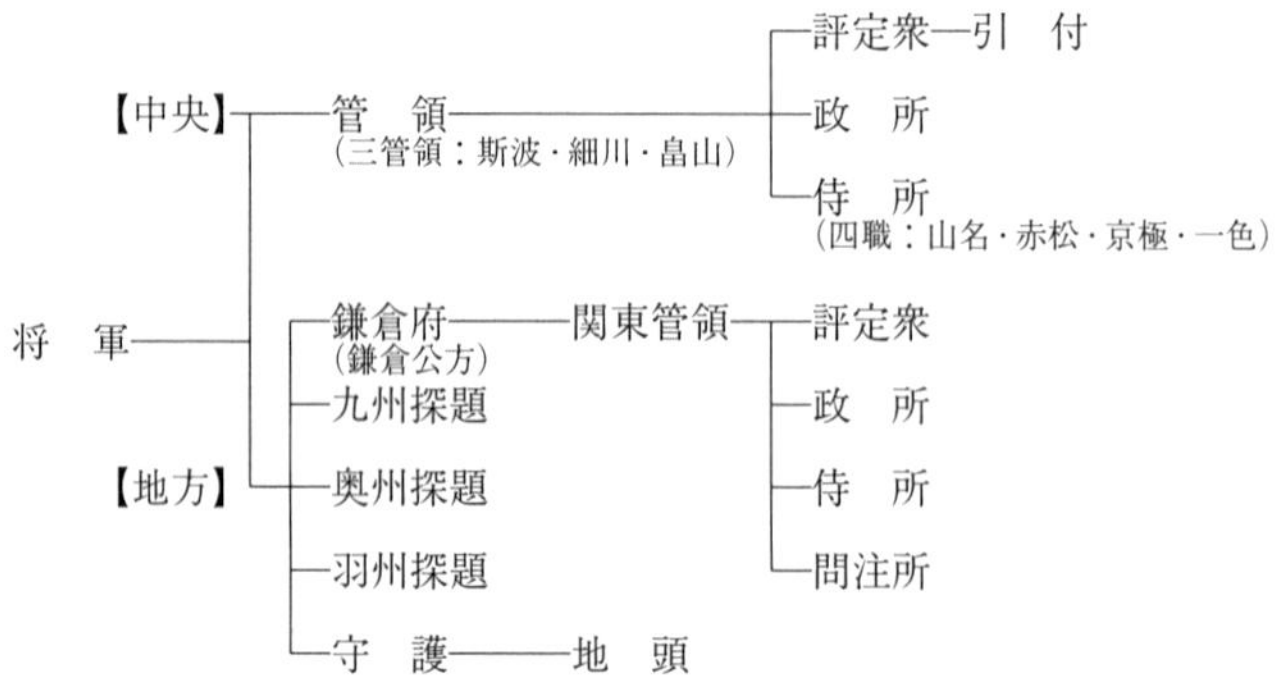

に同行したり酒食をともにしながら、幕府政治を支えた。永亨三年に室町御所移転費用一万貫が諸大名に割り当てられた時、三、四ヵ国を分国とする七名の守護はそれぞれ千貫文を提供し、十五名の守護は二百貫文を出すことが取り決められた。その後、分担額は増額したらしく、翌年になって七名の大名が千五百貫文を提供しているが、いわゆる「三管領・四職」の面々に一致している。

侍所頭人に就任した山名代

山名氏が侍所の頭人に就任する初例は、暦応《りゃくおう》三年（一三四〇）、山名時氏《ときうじ》が京都から出奔した塩冶高貞《えんやたかさだ》を追撃・殺害した功により侍所職を授かったとされるところにまでさかのぼる。康永《こうえい》四年（一三四五）八月二十九日の天龍寺《てんりゅうじ》供養において、時氏は侍所として兵五百余騎を召し具して行列の先頭を務めている。時氏が死んだ翌年の応安五年（一三七二）、子息師義《もろよし》亭において小侍所始《こさむらいどころはじめ》が行なわれて、師義の弟で嗣子《しし》となった時義《ときよし》が小侍所職についたようである。また、師義の実子義幸《よしゆき》は永和《えいわ》四年（一三七八）に侍所頭人となり、翌五年七月の義満《よしみつ》の参内《さんだい》には随兵百余騎を従えて先陣を務めた。その後、義幸の弟満幸《みつゆき》も侍所頭人に任じられている。山名氏は明徳《めいとく》の乱で衰運に向かうが、応永《おうえい》の乱を機に勢力を回復し、応永二十一年（一四一四）には、持豊の兄満時《みつとき》が侍所頭人となっている。

持豊の活動

持豊については、前述した永亨十二年六月十三日の室町幕府御教書によって、それまでに侍所頭人に任じられていたことを確認することができる。なお、この御教書の宛所《あてどころ》は山名右衛門佐となっている。持豊は同十年十月四日の史料では弾正少弼《だんじょうしょうひつ》であり、同十二年二月には右衛門佐であることが確認されることから、その間に右衛門佐の官途《かんと》を得て、同じ頃に侍所頭人に就任したものと思われる（『但馬村岡山名家譜』では、同十一年正月に正四位下《しょうしいのげ》、右衛門佐に任じられたとする）。持豊は同九年に備後で兄持熙《もちひろ》を討ち取り、翌十年には幕府に反抗していた大和《やまと》の越智維通《おちこれみち》らの拠る多武峰《とうのみね》を攻略するなど、義教の期待に応えて軍事行動に励むとともに、京都の治安維持という重要な職務を任されたのである。

二　室町幕府―守護体制の構造

室町幕府―守護体制

室町幕府は政治的にも経済的にも、あるいは軍事的にも、諸国の守護を務める諸大名によって支えられていた。諸国の守護は在京が原則であり、幕府権力の構成員として、それぞれの家格に応じて幕府の職務を分掌した。その一方で、諸大名は幕政の一翼を担い、将軍家の信頼をかちとることによって、守護としてそれぞれの分国を支配することができた。在京する諸大名は、分国に守護代や小守護代・郡代などを派遣し、幕府の力を背景に国内の国人領主《こくじんりょうしゅ》や被官人《ひかんにん》を統制したのである。このように、室町幕府と諸国の守護は、相互に補完し合う関係に結ばれていた。幕府と守護が切り離しがたく結合する当時の武家権力のあり方を、本書では室町幕府―守護体制と呼ぶことにしよう。

幕政の運営と安定

将軍義教の時期には、幕政をめぐる様々な問題が生じるたびに、斯波・細川・畠山・山名・赤松をはじめとする有力大名（宿老《しゅくろう》）の意見を聴取した上で、意思決定がなされている。とくに義教治世の前半に頻繁に将軍の諮問にあずかっているのは畠山満家《みついえ》と山名時熙であり、満家と時熙が死没した後半になると、細川持之《もちゆき》・山名持豊・赤松満祐《みつすけ》らが義教を支える中心となる。室町幕府は、将軍権力（上意）と管領を筆頭とする守護家集団（衆議）の複合体であり、幕府は将軍権力を守護家集団が支える形で運営されていた。したがって、将軍権力のもとに諸大名を結集させ、彼らの協力態勢を固めることが幕政の安定にとって不可欠であると認識されていた。その背景には、将軍と守護の微妙な力関係のバランスの上に成り立つ室町幕府―守護体制の構造的特質が存在していた。

守護の自立分権性

室町時代の守護は代官を通じてそれぞれの分国を統治し、分国内に足場をもつことによって、幕府に対する一定の自立性、分権的性格を確保していた。そして幕府は、守護の分国支配に多くを依存せざるをえなかった。幕府が命令を下しても、守護方の同意と強制力執行がなされない限り、幕命は実効性をもたないからである。しかも、幕府の全国支配の基盤は決して強固ではなく、政治的にはもちろん、軍事的にも経済的にも、諸国守護家の協力が得られなければ幕府自体が成り立たない構造をもっていた。

大名衆議

したがって、将軍義教といえども、幕政を遂行する上では宿老の支持や同意が不可欠であり、彼らに対する配慮を欠くわけにはいかなかった。永享三年五月、山名持熙が義教の勘気を蒙って失脚した時、義教は宿老である父時熙の心中を考えて簡単に処罰するのを憚り、持熙の処分を時熙の意向に委ねた。上意による一方的な裁定を押し付けることはできなかったのである。義教期には上意が優越する場面が少なくないが、管領をはじめ宿老たちの合議制（大名衆議）のシステムが上意を支え、同時に上意を規制する面を持ち続けていた。

代替わりの実現

その一方で、それぞれの守護は幕府の構成員であり、将軍の支持を得ることによって自身の分国支配を安定的に確保することができた。山名氏の場合、永享五年八月に持豊は四ヵ国の守護職と各地の所領を安堵《あんど》する将軍家の御判《ごはん》（将軍が加判《かはん》した御教書）を拝領することによって、父時熙からの代替わりが実現した（『満済准后日記《まんさいじゅごうにっき》』同年八月九日条）。同じ

将軍の不支持

年の斯波氏の代替わりにおいて義教が、相続予定者は一家惣領職《そうりょうしき》としての器量に乏し

いとみて兄を還俗《げんぞく》させて後継者につけたように、もし将軍の支持が得られなければ守護職を継承することはできなかった。一方、伊賀国では仁木《にき》氏の分国《ぶんこく》支配が実体を伴わず混乱が生じているとして、義教は仁木氏から守護職を取り上げて山名氏に与えている。守護職を安定的に掌握するためには、将軍上意の支持と分国支配の実効性がともに確保されていなければならなかったのである。

分国支配の実効性

同じ永享五年に駿河《するが》の守護今川氏の家督をめぐって紛争が生じた時、義教は分国内の意見こそ重要だとして今川氏内衆《うちしゅう》や駿河国人の意向を探らせ、彼らの了解を取り付けることで上意の裁定を押し付けようとした。分国支配の成否の鍵を握るのは、守護が現地に派遣する代官の活動や、守護の内衆や国人領主らの動静であった。同十二年に義教が小早川熙平に各地の所領を与えた時、安芸国内の知行地を熙平代官に引き渡すよう命じた幕府御教書が持豊に宛てて出されている（『小早川家文書』）。それをうけた持豊は、犬《いぬ》橋近江守《はしおうみのかみ》（満泰《みつやす》）に対し執行を命じている。犬橋満泰が当時の安芸の守護代であったと思われる。これより前、永享四年に山名氏が安芸の軍勢を大内氏の救援に向かわせようとした時には、備後の守護代の犬橋を安芸との国境へ遣わして安芸勢を催促させることが提案されている（『満済准后日記』同四年十月十日条）。犬橋は九州に渡海して筑前《ちくぜん》や豊後《ぶんご》で

今川氏の家督紛争

守護代犬橋満泰

少弐《しょうに》氏《し》や大友《おおとも》氏《し》と合戦に及び、大きな戦果を挙げるのである。山名氏の分国である但馬・備後・安芸などの守護代として名前が見える垣屋《かきや》・太田垣《おおたがき》・犬橋氏らは、守護家の意向をふまえながら、内衆や国人たちの統制に努めていたことが分かる。

三　持豊の京屋敷

守護在京の原則

室町幕府と守護の間の相互依存的な関係を支えていたのが、守護在京の原則である。東国や九州を除いて、北陸・東海から中国・四国までの守護たちは、任命されると京都にいるのが普通で、幕府に出仕して将軍の治世を支えた。彼らは幕府政治に参画し、各種の武家儀礼に加わった。毎年正月の年中行事《ねんちゅうぎょうじ》に、室町将軍が諸大名の家を訪問する御成と、諸大名が将軍に響膳《きょうぜん》を献上する垸飯《おうばん》の儀礼があるが、将軍が山名亭に出向くのは正月二十二日が恒例となっていた。山名氏が垸飯を献じるのは正月十五日である。室町時代には、この他にも各種の恒例・臨時の武家儀礼が発達し、諸大名はこれに参画した。

山名氏の邸宅

山名一族の邸宅は、一条の北、相国寺《しょうこくじ》の西にあった室町御所と北野神社との間に軒

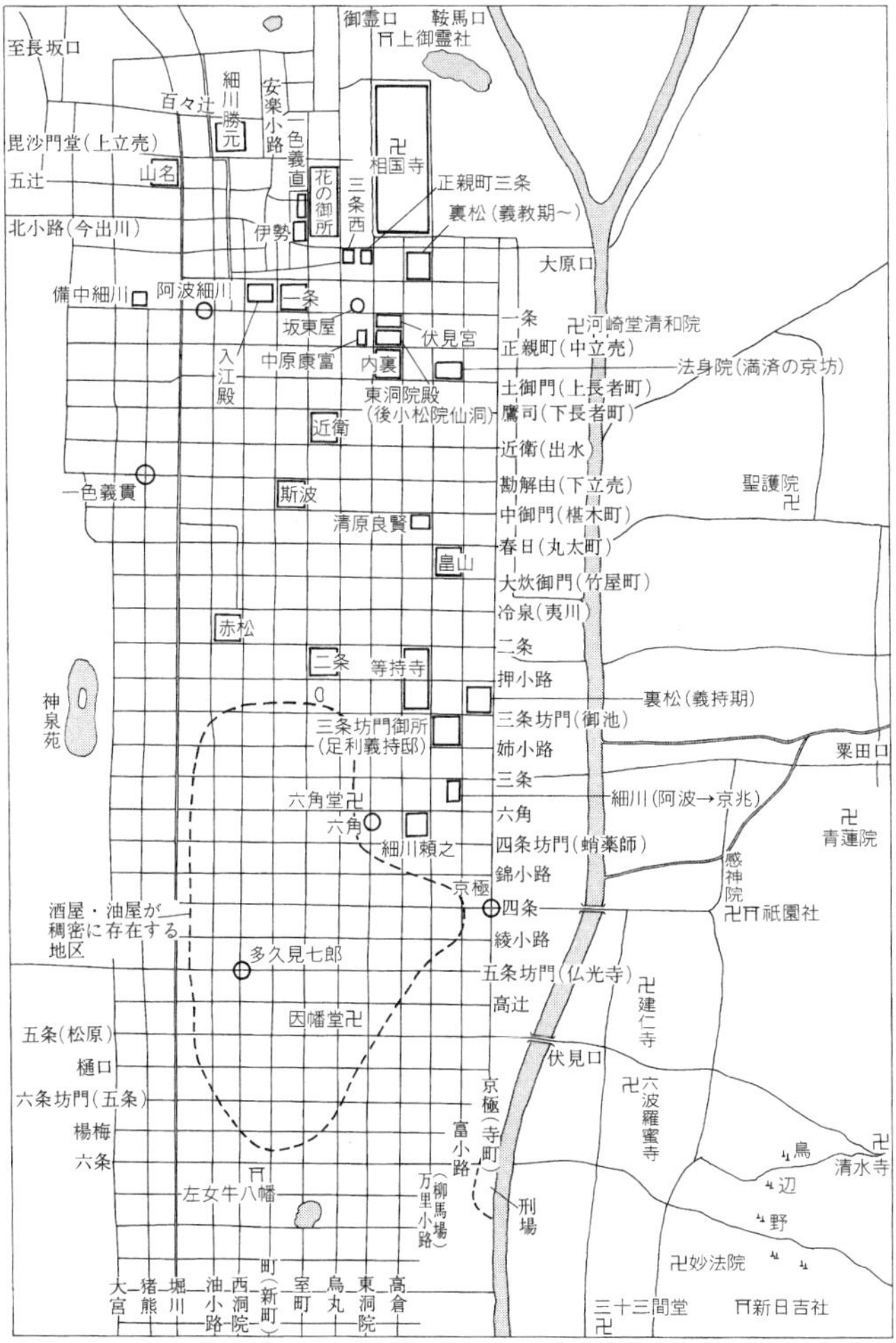

京都地図（榎原雅治編『日本の時代史11 一揆の時代』より転載）

山名宗全亭跡

を列ねていたとされる。現在の京都市上京区堀川通上立売下ルの「山名町」の周辺である。山名持豊の屋敷は東が堀川、西は猪《いの》熊通《くまどおり》まで東西七十五間半前後の規模であったようで、堀川を東と北の天然の防御施設として利用した軍事的な性格の強い構えであったことが指摘されている（河内将芳「京都『山名町』の町名をめぐって」）。堀川は水上交通の動脈でもあり、屋敷の周辺には富裕な商人や金融業者も存在していたようである。『蔭凉軒日録《いんりょうけんにちろく》』寛正《かんしょう》四年（一四六三）正月二十二日条には「今日、山名殿の新宅始めて御成」と記されており、この頃、持豊の屋敷が新築されたようである。応仁《おうにん》の乱が起きた時、持豊の屋敷が西軍の本陣とされたため「西陣《にしじん》」という地名が生まれることになる。

山名屋敷の周辺

山名屋敷の周辺には、山名氏の一族や被官がつねに居住しており、有事の際にはこれに加えて多くの武士たちが分国から上洛したとみられる。康暦《こうりゃく》元年（一三七九）七月、右近《うこの》衛大将《えのたいしょう》に就任した将軍義満が朝廷に参上する拝賀の行列で、侍所頭人であった山名義幸は百余騎の兵を引き連れて先陣を務めた（『花営三代記《かえいさんだいき》』）。また、永享五年（一四三三）十一月二十七日、山門討伐に向かう山名勢を目にした醍醐寺三宝院《だいごじさんぼういん》の満済《まんさい》は、その陣立は「目を驚かせおわんぬ、三百騎ばかりか、野臥《のぶせり》二、三千人なり、悉くもって美麗、申すばかり無し」と述べている（『満済准后日記』同日条）。同じ時の土岐美濃守《みののかみ》の軍勢は百二、三十騎、野臥が一、二千人ばかりであったという。

「野臥」

こうした記事から、山名氏らの大名は京都周辺で数百騎の武士たちを動かすことができたことが分かる。そして、大きな合戦となれば、正式の武士だけでなく「野臥」と呼ばれる者たちが、数千人規模で付き従っていたことも知られる。野臥は各大名が村々から召し集めた農民たちであったと思われ、武士に比べて戦闘能力が劣るとはいえ、人数的には武士をはるかに陵駕し、しだいに合戦の主力部隊となっていくのである。

第四　室町幕府―守護体制の変質と山名宗全

一　嘉吉の乱と山名氏

嘉吉の乱

嘉吉《かきつ》元年（一四四一）六月二十四日、将軍足利義教《あしかがよしのり》が播磨《はりま》の守護《しゅご》赤松氏に殺害されるという事件が起こった。世にいう嘉吉の乱の勃発である。

義教の執政

義教が暗殺されたのは彼の専制的な政治姿勢によるとする見方が一般的である。義教は義持《よしもち》の後継者に選ばれると、正式に将軍となる以前から天下雑訴《ざっそ》に関する成敗を自ら行なおうとするなど、意欲的な政治姿勢が目につく。評定衆《ひょうじょうしゅう》・引付頭人《ひきつけとうにん》の再設置計画、奉行人《ぶぎょうにん》制や訴訟システムの整備、雑務沙汰《ざつむさた》に関する立法など、将軍自らが中心となった積極的な政治運営は、義教期の大きな特徴である。ただし、これらの施策は、必ずしも管領《かんれい》や諸大名に対抗するものとはいえない。むしろ、重要な事項については宿《しゅく》

宿老衆議

老《ろう》の衆議をふまえて意思決定がなされたように、彼らの協力や政治参加を得ることで安

定性を確保していた。したがって、義教の施策は室町幕府—守護体制の枠組から逸脱したものではなく、その体制の枠内で将軍上意の主導性を強めたものとみるべきであろう。上意専制と呼ばれる義教の政治運営は、何よりも政務の円滑化、裁判の公正・迅速な処理を基本方針とする彼の意欲的な政治姿勢の表れと考えられる。

相次ぐ幕閣の死

ところが、永享《えいきょう》四年から七年にかけて、畠山満則《はたけやまみつのり》・畠山満家《みついえ》・斯波義淳《しばよしあつ》・三宝院満済《さんぼういんまんさい》・山名時熙《ときひろ》といった幕府の屋台骨を支えてきた宿老たちが相次いで死去することによって、大名衆議の機能が著しく低下するようになった。このような中で、上意の専制的側面が、以前に増して強くなったとみられる。

義教の厳罰主義

義教は自らの意向に従わない大名・公家《くげ》・僧侶や一般人などに対し、斬首・流罪・追放・所領没収・出仕停止などの厳しい処分を行なった。永享三年五月、山名持豊の兄持《もち》熙《ひろ》の振る舞いを怒り、家督《かとく》後継者の座から退けたのもその一例にすぎない。しかし、この時には義教も、宿老であった父時熙の心中を憚って持熙の進退を委ねる配慮をみせていた。また、その前年には一色修理大夫《いっしきしゅりのだいぶ》の行為を非難して厳罰を課そうとしたものの、

「万人恐怖」

諸大名の執り成しで赦免するということもあった。ところが、義教の厳罰主義はしだいにエスカレートしていって、「万人恐怖」（『看聞日記《かんもんにっき》』同七年二月八日条）、「薄氷を履む時節、

恐怖極まりなし」（同九年十月十九日条）と恐れられるようになる。それは、神経過敏で発作的に怒りを爆発させる彼の特異な性格によるところが大きい。『今川記』には「義教公、あまりに物荒き御振舞、諸家の人々、少々上意に背く輩、討手を下され誅せらる」と記されている。義教の厳罰主義は過度に酷薄なもので、ささいなことであっても将軍家の意向（上意）に沿わない振る舞いがあれば、逆上して容赦のない処罰を加えていくのである。

積極的な政治姿勢

しかし、義教としては、地域諸勢力が自立性を高め荘園制《しょうえんせい》を突き崩す動きが進行する時代風潮の中にあって、将軍権力を中核に諸制度の整備、公平性の確保、政治の安定を図ろうとし、社会秩序を乱す動きに対しては厳罰主義をもって臨もうとしたのではないだろうか。『建内記《けんないき》』永享十一年六月二十五日条には、「諸家愁訴ある人を尋ねらると云々、政道好悪なく裁許せられば尤も天心に叶うべし、珍重々々」と記されている。理非を重んじる義教が、諸家の紛争を積極的に裁許《さいきょ》しようとしていたことが読み取れる。義教の厳罰主義は、彼の積極的な政治姿勢と表裏の関係にあったと考えられる。

嘉吉元年

嘉吉元年は、干支《えと》でいえば辛酉《かのととり》の年で、天変地異や政変などの異変が多いとされる辛酉《しんゆう》革命の年にあたっていた。二月に嘉吉と改元《かいげん》したのも、あらかじめ災厄を除去しようとしたものであった。しかし、革命の年にふさわしく、社会を揺るがす大きな出来事が相次いで起きることになる。

畠山氏の家督交替

まず、年明け早々の正月末、管領家の一つ畠山氏の当主である持国《もちくに》が家督を追われて弟の持永《もちなが》に交替を命じられた。これは、持国が関東出兵を命じる義教の上意に従わなかったのが原因で、両者の関係悪化を前にして、畠山氏家臣の遊佐《ゆさ》・斎藤両人が持国を家督から退けることで畠山氏の安全を確保しようとはかったものである。持国は河内《かわち》に下向して出家し、家督復帰の機会をうかがうことになる。

東西の敵の死

三月には、義教の異母弟で義教に背いて九州の日向《ひゅうが》まで落ち延びていた前大覚寺門跡《だいかくじもんぜき》義昭《ぎしょう》が討ち取られ、翌四月に京都まで首が届けられた。一方、東国では、前年来幕府に敵対していた下総《しもうさ》の結城氏朝《ゆうきうじとも》の城が陥落し、いわゆる結城合戦が終了した。氏朝にかくまわれてきた故足利持氏《もちうじ》の遺児春王《はるおう》・安王《やすおう》も、京都への護送中に殺害されている。懸案であった東西の敵が相前後して討ち取られ、義教のもとには慶事を祝う人々が群参した。

家督干渉

六月になると、加賀《かが》の守護富樫教家《とがしのりいえ》が義教の怒りに触れて出奔し、弟の泰高《やすたか》が還俗《げんぞく》して家督についた。義教が将軍に就任して以来、義教が守護家の家督に干渉したり改易《かいえき》を行なった事例は、仁木《にき》・今川・斯波・山名・京極《きょうごく》・一色・土岐《とき》・畠山・富樫と、枚挙に遑《いとま》がない。幕政の中枢にある主だった守護家のうち、この時まで干渉をうけてこなかったのは細川・赤松の両氏くらいのものであった。上意に応じない人々を牽制・抑圧・更迭するという姿勢は、武家権門《けんもん》として中世国家の秩序を維持しようとする義教の立場に由来するものとみられるが、将軍家を支えてきた諸大名との間に大きな軋轢を生まざるをえなかった。前年三月に赤松満祐《みつすけ》の弟義雅《よしまさ》の所領が没収され、五月には一色義貫《よしつら》と土岐持頼が義教の命令で殺された後、京都では次は赤松満祐が討たれるであろうという流言が広まっていたとされる（『公名公記《きんなこうき》』永享十二年六月二十一日条）。赤松満祐は「狂乱」という理由で幕府への出仕を停止し、家臣の富田入道の家に移って万一の事態に備えていた（『建内記』嘉吉元年六月二十四日条）。

赤松亭御成

嘉吉元年六月二十四日、将軍義教は赤松氏の招きに応じて、諸大名・近習衆《きんじゅうしゅう》らとともに赤松亭を訪れた。義教を招いて東西の敵を退治したことを祝う宴会が各所で開かれていた時節であり、赤松亭への御成《おなり》についても疑念をもつ者はいなかった。ところが、酒宴がはられ猿楽《さるがく》が演じられている最中、甲冑をつけた赤松家中の武士数十人が座敷に乱入し、義教を襲って彼の首を切り落とした。赤松勢は義教の側にいた大名・近習衆にも斬りつけ、主だった者では山名熙貴《ひろたか》が討死したのをはじめ、細川持春《もちはる》・京極高数《たかかず》は重

山名持豊の被害

傷を負ってまもなく落命、同じく重傷を負った大内持世《おおうちもちよ》も翌月末に死去した。管領細川持之《もちゆき》・畠山持永・山名持豊・細川持常《もちつね》らも座敷の中にいたが、あわてて逃亡して邸内から脱出している。『斎藤基恒日記《さいとうもとつねにっき》』では「手負人数」として持豊の名が書かれているが、その他の記録には負傷者の中に彼の名前は見えない。持豊は大した被害をうけなかったようである。

『看聞日記』の評価

この事件について、『看聞日記』嘉吉元年六月二十五日条には「赤松を討たるべきの御企て露顕の間、遮って討ち申すと云々。自業自得、果たして無力の事か」と記されている。赤松氏を討伐しようとする義教に対し、赤松氏が先手を打って暗殺に及んだものであり、義教の自業自得と評価したのである。事件の後、赤松満祐・教康《のりやす》父子をはじめ赤松氏の一族・家臣は、自分たちの邸宅に火をかけて焼き、京都を後にして本国播磨へ下った。

進まぬ播磨攻め

これに対し幕府の諸大名は、八歳になる義教の嫡子千也茶丸《せんやちゃまる》（のち義勝《よしかつ》と名のる）を後継者とすることを決定し、細川持常・山名持豊・赤松貞村《さだむら》らに播磨攻めを行なわせることを申し合わせた。しかし、赤松討伐軍の派遣はなかなか実行に移されなかった。これは、幕政の中心となるべき管領細川持之の指導力不足もあったが、河内に下っていた畠山持国が義教暗殺を機に家督を奪い返す動きを示すなど、京都周辺では不穏な動きが続いていたことにもよる。

播磨攻めの作戦計画

山名持豊の略奪行為

播磨攻めには、東隣の摂津《せっつ》方面から細川勢や赤松氏庶流の赤松貞村・満政《みつまさ》の軍勢を、背後の但馬《たじま》からは山名持豊を進攻させる作戦がとられたほか、伊予《いよ》の河野《こうの》氏や安芸《あき》の武田・小早川・吉川《きっかわ》氏、石見《いわみ》の益田《ますだ》氏らにも動員がかけられている。ところが、搦手《からめて》の大将である山名持豊の軍勢は、直ちに但馬に下ろうとしないばかりか、赤松討伐の軍費が必要だとして京都市中の土蔵《どぞう》に乱入して質物を押し取るなど、侍所《さむらいどころ》の地位を利用して略奪行為を働いていた。管領細川持之がこれを制止する使者を立てても、持豊はのらりくらりとするばかりで、業をにやした持之が山名を攻める支度をするに及んで、持豊はようやく陳謝するという有り様であった。『建内記』嘉吉元年七月十二日条には、「近日の無道・濫吹《らんすい》は只だ山名に在るなり」と記されている。将軍の不在が幕府の求心力を失わせており、管領の持之では上意を代行する力をもちえない状況にあったことが分かる。このような中で、侍所頭人《とうにん》として治安の維持にあたるべき山名持豊は、むしろ先頭に立って幕政の秩序を破壊する動きを示すのである。

赤松追討の綸旨

七月末、管領細川持之は天皇から赤松追討の綸旨《りんじ》を出してもらうことで、播磨攻めを実現しようとはかった。『建内記』嘉吉元年七月十二日条には「赤松大膳大夫《だいぜんだいぶ》入道《にゅうどう》父子誅伐《ちゅうばつ》の事、御少年の時分の間、管領の下知《げち》、人々の所存如何《いかん》。心元なきの間、綸旨を申請すべし」と記されており、新将軍義勝が幼少のため、管領の命令に諸大名を従わせられるか心もとないとして、天皇の力に頼ろうとしたことが分かる。後花園《ごはなぞの》天皇の綸旨が出されたのは同年八月一日のことであった。

播磨侵攻

嘉吉元年七月二十八日、侍所頭人の職を解かれた山名持豊をはじめ、伯耆国守護《ほうきのくにしゅご》山名教之《のりゆき》・因幡国《いなばのくに》守護山名熙高《ひろたか》ら山名一家の面々は、ようやく京都を立って、丹波路《たんばじ》より但馬に向かった。ひと月後の八月二十八日、持豊率いる四千五百騎の軍勢が但馬生野《いくの》から播磨に侵攻し、赤松勢を撃破した。山名勢は九月初めには赤松氏の本拠地であった坂本《さかもと》城《じょう》を攻略し、赤松父子は西方の城山城《きのやまじょう》へ逃れた。九月十日、山名勢の総攻撃の前に、城山城に籠城していた赤松満祐は一族・被官人《ひかんにん》とともに自害したとされる。子息教康は城から落ち延びたものの、まもなく伊勢《いせ》で討ち取られている。満祐の首は九月十八日に山名方から京都に送り届けられた。美作《みまさか》も山名常勝《じょうしょう》（教清《のりきよ》）らによって制圧され、山名一族は赤松討伐の立役者となった。播磨・備前《びぜん》・美作三国の守護職《しゅごしき》は軍功により与えるとする評定《ひょうじょう》がなされていたため、乱後、山名氏は赤松氏の分国《ぶんこく》を手に入れて強大な勢力を誇るようになる。

赤松氏の分国と獲得

二　宗全と一族の強大化

嘉吉の乱の影響

嘉吉の乱が起きたとき、「前代未聞の珍事」（『建内記』嘉吉元年六月二十四日条）、「将軍かくの如き犬死、古来その例を聞かざるなり」（『看聞日記』同年六月二十五日条）などと記されたように、将軍暗殺という前代未聞の事件は人々を驚愕させる衝撃的な出来事であった。そして、この事件は室町幕府―守護体制のあり方と山名持豊の運命を大きく変えることになった。

播磨入国

嘉吉元年十月、山名一族は赤松氏の旧分国を拝領し、山名持豊が播磨の守護、同教之が備前の守護、同教清が美作の守護に任じられた。赤松討滅のあと帰京していた持豊は、十月十一日に新守護として播磨に入国した。垣屋《かきや》・太田垣《おおたがき》・犬橋《いぬはし》の三人が守護代に任じられ、郡ごとに郡司《ぐんじ》も定められた（『建内記』同年十月二十八日条）。持豊は播磨国内を支配する体制を整えた上で、十一月二十五日に上洛を遂げている。

播磨一国の分国化

ただし、播磨のうち明石《あかし》・加東《かとう》・三木《みき》（美嚢）の東三郡については将軍家御料所《ごりょうしょ》とされ、赤松氏庶流の満政に代官職が与えられた。しかし、持豊は三郡も手に入れようとはかり、嘉吉三年に挙兵した赤松氏残党を討伐したのに乗じて、翌年の正月にこれを獲得することに成功した。まもなく、三郡を召し上げられた赤松満政が嫡子《ちゃくし》満直《みつなお》や一族の則尚《のりひさ》らを率いて播磨に下ったのに対し、持豊は但馬に下向して戦闘の支度を整えた。山名勢は十二月に真弓峠《まゆみとうげ》から播磨に進攻し、文安《ぶんあん》二年（一四四五）正月と二月の播州合戦《ばんしゅうかっせん》で赤松勢を打ち破った。摂津有馬郡《ありまぐん》へ逃亡した満政は一族の有馬持家《もちいえ》によって討ち取られている。このようにして、山名持豊は赤松氏の勢力を退けて、ついに播磨一国の分国化を成し遂げたのである。

持豊の出家

山名宗全画像（『日本百将伝』より，国立国会図書館所蔵）

なお、持豊は嘉吉二年の史料に「山名右衛門佐入道《うえもんのすけにゅうどう》」と書かれており、嘉吉の乱の後に出家したことが分かる（『小早川家文書』）。『但馬村岡山名家譜』は、持豊が宝徳《ほうとく》二年（一四五〇）に剃髪して宗全と号したと記すが、これは誤りである。しかも、出家した時の法号《ほうごう》は宗峯《そうほう》であって、宗全という名乗りが確認されるようになるのはもっと後のことである（宗全の初見は長禄《ちょうろく》年間の史料である）。ただし、本書では便宜上、ここからの記述では宗全の名前で統一して叙述することにしたい。

上意不在の影響

室町幕府―守護体制は、足利将軍家の上意を中核として諸大名が結集することで成り立っていた。ところが、将軍義教は嘉吉の乱で暗殺され、家督を継承した嫡子義勝も二年後にわずか十歳で病死してしまった。将軍家の家督は弟の義政《よしまさ》が継いだが、まだ幼少であったため、引き続き管領が政務を代行する形がとられた。その結果、嘉吉の乱から義政が成長するまで、上意が実質的に不在という状況が実に十年余りも続くことになる。こうした事態は、室町幕府―守護体制や、それに支えられて維持されてきた荘園制社会のあり方に深刻な影響を及ぼすことになる。すなわち、義教によって抑制されてきた寺社本所領《ほんじょりょう》の押領《おうりょう》が一気に噴出した。そして、それを体現するかのように、荘園支配の秩序を破壊する動きを率先して示したのが、旧赤松氏分国を獲得した山名一族であった。

万里小路時房の歎き

公家の万里小路《までのこうじ》時房《ときふさ》の日記、『建内記』嘉吉元年閏九月九日条には、「山名右衛門佐持豊、播州に在り。濫吹・狼戻以ての外なり。赤松を滅ぼすは我が功と称し、守護職を望み申し、裁許に及ばざる時分なり。寺社・本所・武家の人々の所領・年貢等を奪ひ取り、猛悪度無しと云々。彼もし守護に補さば、一国滅亡すべきか」と書かれている。宗全は正式に守護に任命される前から、寺社・本所・武家の所領・荘園年貢などを奪い取り、彼が守護になれば播磨一国は滅亡するであろうと歎いたのである。

厳罰主義の由来

管領の役割の拡大と限界

　将軍権力が健在な時であれば、守護による荘園の侵略は抑制されることが多かった。とくに暗殺された義教は、幕命に応じない守護・在地勢力を牽制・抑圧・更迭することで公家や寺社など諸権門の要望に応じようと腐心していた。「厳密の沙汰」と称された義教による厳罰主義、訴訟における公平性の確保（「理非《りひ》」の重視）などは、荘園制の秩序を維持すべき将軍としての立場に由来するものであったと考えられる。しかし、義教が殺されると、荘園制の維持は幕政の中心である管領に担われることとなり、両管領家（細川氏と畠山氏）の役割が拡大した。とはいえ、管領が上意を完全に肩代わりできたわけではない。むしろ、管領に非協力の態度を示す諸大名は少なくなく、「近日、管領奉書《ほうしょ》面々さらに叙用《じょよう》せずと云々。下知を加うと雖《いえど》も其の実なし」（『建内記』嘉吉元年九月十七日条）と記されたように、管領の命令（下知）のもとに諸大名を結集させる体制を確立するのは容易ではなかった。そのため、管領細川持之が赤松治罰《ちばつ》の綸旨を申請したように、天皇の政治介入を要請することにもなるのである。

山名一族の違乱・押領

　とりわけ、「山名の濫吹、以ての外の次第なり。管領より度々濫吹を止むべきの由、

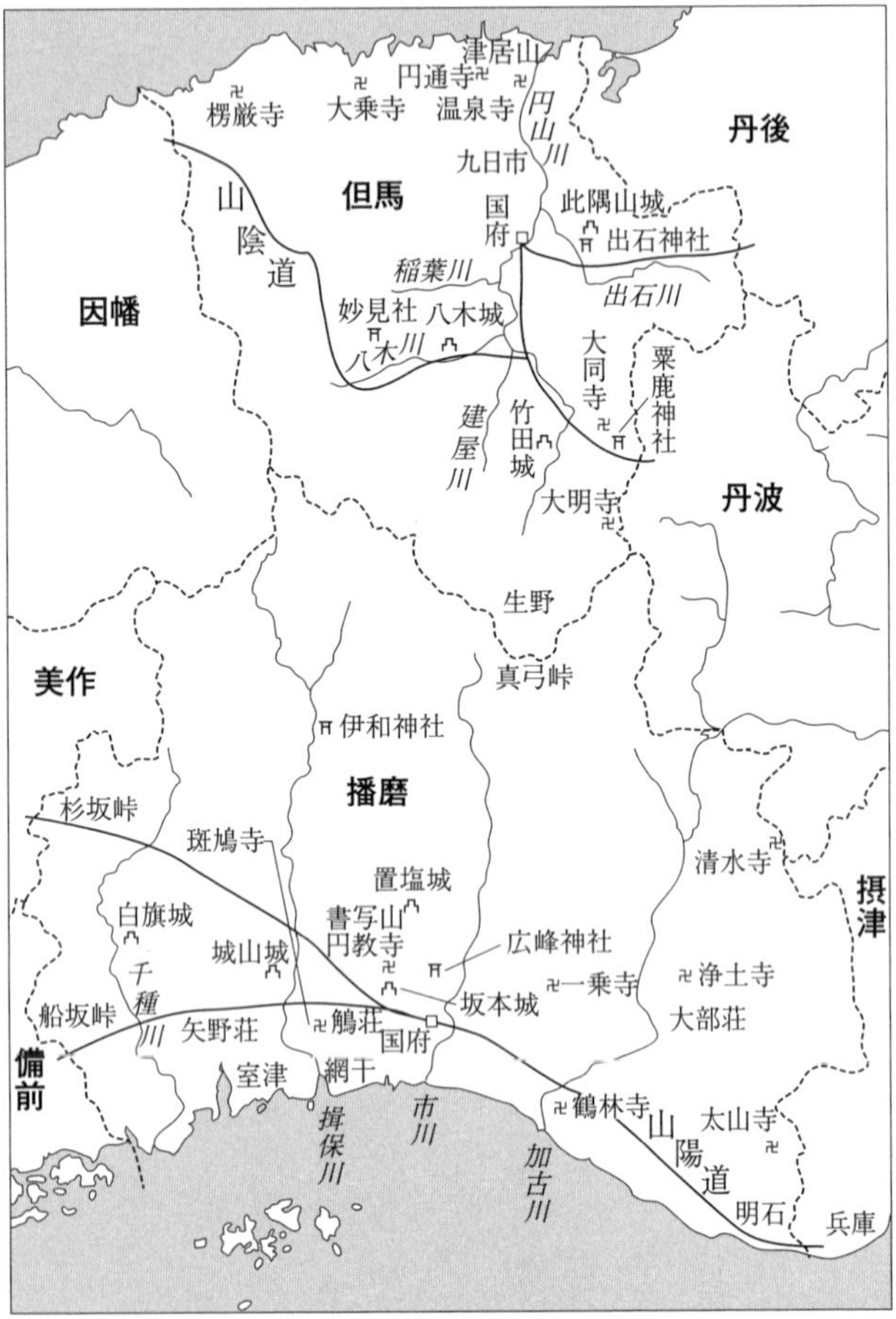

津居山
円通寺
大乗寺
温泉寺
楞厳寺
円山川
丹後
九日市
但馬
山陰道
国府
此隅山城
出石神社
稲葉川
出石川
因幡
妙見社
八木城
八木川
大同寺
粟鹿神社
建屋川
竹田城
大明寺
丹波
生野
真弓峠
美作
伊和神社
播磨
杉坂峠
斑鳩寺
清水寺
摂津
置塩城
白旗城
書写山円教寺
広峰神社
城山城
千種川
一乗寺
浄土寺
坂本城
船坂峠
鵤荘
国府
大部荘
矢野荘
備前
室津
網干
鶴林寺
山陽道
太山寺
揖保川
市川
加古川
明石
兵庫

播磨・但馬国地図

播磨国相国寺大徳院領の押領

使を立つるの処、（略）さらに制止の下知に及ばざるなり。近日、無道・濫吹、只だ山名に在るなり」（『建内記』嘉吉元年七月十二日条）と表現されるように、山名一族による違乱・押領は目に余るものがあり、管領も制止しきれないほどであったらしい。山名氏を管領の下知に従わせることが期待できない中で、播磨の寺社本所領への違乱停止を求める勅《ちょく》定《じょう》（天皇の命令）を出すことも検討されたが、これを不安視する意見もあった。その理由として、「礼儀を存ずるの輩《ともがら》管領・畠山の如きと云々は元来子細無し。濫吹を表わすの輩は、たとえ勅定と雖も、さらに承引すべからず。しからば勅定かえって軽きに似るか」（『建内記』同年閏九月二十日条）と述べられている。管領である細川氏・畠山氏のように礼儀をわきまえている者はもともと問題は起こさないのに対し、狼藉《ろうぜき》を犯す者は勅定が出されても従わない恐れがあり、そうなると天皇の命令が軽んじられる危険性があるというのである。勅定による違乱停止も、十分な効果を期待できるものではなかったことが分かる。

万里小路時房は、相国寺大徳院《しょうこくじだいとくいん》の僧らが山名宗全を招いて饗応を行なったところ、この寺に住持《じゅうじ》がいないことを知った宗全は、これを理由として播磨にあった寺領を預かると称して押領してしまったという話を耳にした。彼の日記『建内記』嘉吉三年五月九日条には、「前代未聞の珍事」と記されている。

散合の実施

文安《ぶんあん》元年（一四四四）、宗全は手中に収めることに成功した播磨三郡において、「散合《さんごう》」を実施した（『建内記』同年四月十四日条）。これは、郡内の寺社本所領に対して、田数や年貢収納の状況、荘園領主が直接支配を行なっているか、それとも守護による請負となっているか等々を、住民から指出《さしだし》を提出させて調査したものである。同じころの諸国の守護の中で、これほど在地の実態掌握を徹底させた事例は見あたらないように思われる。対象となる郡が赤松氏から奪い取った占領地域であったため、在地支配がとくに強く表れたものとみられるが、室町幕府—守護体制が動揺する中にあって、守護としての権限を在地に強く浸透させようとはかる山名氏の姿勢を読み取ることができる。

当知行優先の論理

宗全が「凡《およ》そ例といふ文字をば向後《こうご》は時といふ文字にかへて御心えあるべし」（『塵塚《ちりづか》物語《ものがたり》』）と述べたというエピソードは、先例よりも現在の時勢を重視する彼の姿勢を示すものとしてよく知られているが、同じような記述は『建内記』文安元年五月二十八日条にも確認できる。ここには、「地頭《じとう》、半済と称する事、文書の理非に依るべからざるなり。只だ当知行《とうちぎょう》の有無に依るべきか。是れ山名方の法式と云々」と書かれており、山名氏の分国では文書の理非によらず当知行（現に誰がその土地を占有しているか）という論理を優先する方式が採られていたことがうかがわれる。理非を重視した義教の時代からは

旧赤松氏分国への甚だしい違乱

自力救済を模索する荘園領主

一変し、証拠書類の有無によるのでなく実力による占有を正当化する姿勢が山名氏の方式として打ち出されたのである。

もちろん、嘉吉の乱後の守護勢力による違乱は山名氏の分国（旧赤松氏分国）に限らず、全国的に荘園の押領や年貢減少などが多数確認される。若狭《わかさ》の守護武田氏などは、「国中の寺社・本所領預所職《あずかりどころしき》の事、知行すべし」との御教書を賜ったという（『康富記《やすとみき》』文安元年七月十九日条）。万里小路家領についても、美濃《みの》土岐氏や尾張《おわり》斯波氏などの分国でも同様であったという。とはいえ、「殊に播磨山名惣領・美作山名入道・備前山名少輔等の事、新守護雅《が》意《い》に任せ押領の処、さらに制止の沙汰に及ばず。上位（意）無きが如し」（『建内記』嘉吉三年五月二十三日条）とあるように、山名氏が手に入れた旧赤松氏分国の場合は、とくに違乱が甚だしいものであったようである。もはや、山名氏を制止する力は誰ももちえず、将軍の上意は無きに等しい有り様であった。

室町幕府―守護体制が変質し、荘園支配を保障してきたシステムが機能不全に陥ると、荘園領主は自力で危機を乗り越える道を模索せざるをえなくなる。幕府に働きかけて守護や領主による荘園の違乱を禁じる命令を出させるだけでは効果はない。荘園領主は、守護をはじめとする地域権力と個別に交渉を重ねて年貢を確保する必要に迫られていくのである。

三　将軍上意の再建と宗全の但馬下向

武家の権力秩序

十五世紀前半には、武家権力は将軍の上意を中核とする室町幕府―守護体制のシステムによって秩序付けられていた。諸国の守護家が家督を安定的に確保する上で、上意の認定と分国内の領主層の支持が不可欠であり、とくに上意による認定が得られるか否かは決定的な意味をもっていた。嘉吉の乱で義教が殺され、諸大名が結集する際に中核となるべき上意の不在状況は、こうした武家の権力秩序に大きな影響をもたらした。まず、義教の上意によって出仕をとどめられたり、所領・所職を没収されたりした人々が復権する一方、義教により取り立てられた人々は上意の支えを失って立場が悪化した。その典型が畠山氏の事例である。

畠山持国の復権

義教から退けられて河内に帰国していた畠山持国は、義教が暗殺されると早速、家督を奪い返す動きを開始した。弟の持永に与していた被官人たちがぞくぞくと持国のもとに走る中で、家督交替を策した張本人である遊佐と斎藤は孤立し、持永を擁して京都から逃亡している。上洛して幕府に再出仕した持国は、まもなく管領に就任した。持国が実力で守護の座を回復した事実は、守護職が自力で確保されるものとなったことを明らかにした。赤松氏を討伐して播磨・美作・備前を制圧した山名一族が三国の守護職を獲得したのも、分国を手に入れるためには軍事力が要であることを示していよう。

富樫氏の内紛

加賀の富樫氏の場合は、富樫教家が義教の怒りをかって出奔し、弟の泰高が還俗して家督を継いでいたが、義教の死によって教家は守護職の返還を要求し両者の抗争へと発展した。泰高が管領細川持之の烏帽子子《えぼしご》となっていたため、細川氏が弟泰高を支援したのに対し、畠山持国は兄教家を支持して兄弟の争いは泥沼化した。富樫氏の内紛は畠山氏と細川氏の対立構造を顕在化させ、細川氏と畠山氏が管領を交替するたびに幕府の対応は変化して、形勢が逆転するという有り様であった。文安四年（一四四七）には、この抗争をめぐり、諸国の軍勢が京都に召し集められるほど緊張が高まっている。

河野氏の内紛

伊予の河野氏においては、応永年間以来、惣領家と庶流家の対立が続いていたが、その背景には、庶流家を通じて伊予に影響力を伸ばそうとしていた細川氏の動きがあった。嘉吉の乱後、富樫氏の場合と同様、細川氏と畠山氏が交互に管領に就任するたびに、河野氏の内戦への幕府の対応に変化が認められる。畠山氏の管領期には惣領家の河野教通への合力を命じた幕府御教書が出されるのに対して、細川氏の管領期には庶流の河野通春への合力が命じられるのである。河野氏の内戦は、幕政の主導権をめぐる有力大名間の対立構造と密接に連動して展開していくことになる。

家督抗争と有力大名

　こうして嘉吉の乱以後、上意不在の状況下で、守護の分国支配権（国成敗権）を中央から秩序付けていた仕組みが崩れるようになり、国成敗権は自力で確保されるべきものへと変質を遂げていった。上意の認定で家督が固定する状況が解体したため、各守護家において家督候補者が複数並び立つことが多くなる。彼らが家督をめぐる抗争を有利に進める上で、分国を軍事的に制圧していることが大きな要素となる一方、有力大名の支援をうけることも重要であった。とりわけ、幕政の中枢を握る両管領家（細川氏と畠山氏）と結びつくことが諸大名にとって重視された。

大名の系列化

幕政は、幼い将軍に代わり政務をとる両管領家、すなわち細川氏と畠山氏の二氏が主導権をめぐって争うという経過をたどるのである。その結果、将軍の上意のもとに諸大名が結集する構造に代わって、両管領家の一方を頂点として諸大名の系列化が進行し、守護家のグループが形成されて互いに抗争するという様相を示すようになる。

「礼儀を存ずるの輩管領・畠山の如きと云々」（『建内記』嘉吉元年閏九月二十日条）と記されているように、

両管領家が伝統的な秩序を重んじ荘園制を擁護する存在と認識されていたのに対し、山名宗全はその対局に位置する存在であった。しかし、山名氏は赤松氏分国を併呑し、両管領家に対抗できる実力者へとのし上がっていった。

宗全討代の虚説

このような中で、宗全を排除・討伐して旧赤松氏分国を山名氏から没収しようとする動きが認められる。文安四年、宗全の討伐を命じる綸旨が畠山持国に与えられたとする風聞が流れた（『建内記』文安四年七月十六日条）。これを聞いた山名方は大騒ぎとなり、宗全は分国の軍勢に戦闘の用意をさせたという。綸旨の件は虚説であることがまもなく判明したが、こうした噂が飛びかうほどに宗全の振る舞いは秩序を破壊するものとみられていたことをうかがわせる。

山名氏追討を回避

翌年には、幕府は赤松則尚に播磨以下の旧赤松氏分国を与えると約束したが、宗全の抵抗で実現をみなかった。幕府内でこの約束を進めた細川持常・伊勢貞国《さだくに》は面目を失い、軍勢を上洛させて山名方と一戦を交える姿勢を示した。赤松氏を支援しようとする阿波《あわ》細川氏と山名氏の間で緊張が高まったが、細川勝元《かつもと》や畠山持国らの働きかけにより、軍事衝突は回避されている。幕府の命令に従わず、荘園の違乱・押領に突出した動きをみせる山名氏は、荘園制を維持するためには排除されるべき存在であったろう。しかし、宗全の軍功の実績と幕府内部の力関係は、宗全を追討することを容易に許さなかったのである。

大内氏との婚姻

　このころ宗全は、一族の娘たちを自身の養女とした上で大内教弘《おおうちのりひろ》・細川勝元らに嫁がせるという動きを示している。大内教弘のもとに嫁いだのは嘉吉の乱で将軍義教とともに殺された山名熙貴の娘であり、彼女は惣領宗全の猶子《ゆうし》として西国に下った。この縁組に関して、「金吾《きんご》は播州新守護なり。匠作《しょうさく》は作州《さくしゅう》新守護なり。寺領・本所領、雅意に任せ威勢を振るうの時分なり。いよいよ彼の助力を援らむがためのものか」と記されている（『建内記』嘉吉三年六月三日条）。大内氏は、威勢を振るう山名氏の助力を得るため、婚姻を通じて提携をはかったというのである。この当時、少弐《しょうに》氏との紛争を抱えていた大内氏と、同じく赤松残党討滅問題を抱えていた山名氏にとって、両者間の姻戚関係の締結は重要な意味をもっていたと考えられる（真木隆行「大内政弘の母に関する覚書」）。

大内氏支援

四年後の文安四年二月、大内氏と安芸武田氏の間で戦闘が行なわれた時、宗全は大内教弘を支援する態度を明らかにしている（『小早川家文書』）。山名氏と大内氏は軍事的協力関係を強め、やがて応仁の乱が起きると、大内氏は大軍を従えて宗全の率いる西軍に加わるのである。

宗全の養女海賊に襲撃される

なお、嘉吉三年に西国に下った宗全の養女の乗った船は、途中で海賊に襲撃され、衣装を奪われ財宝を失うという被害にあっている。これを聞いた万里小路時房は、山名一党が寺社本所の年貢を奪い取って我が物としていたため、このような災難を受けるのだと日記に書き付けている（『建内記』嘉吉三年六月二十三日条）。

細川氏との縁組

山名氏と細川氏との縁組も、山名熙貴の娘が惣領宗全の猶子となって勝元に嫁いだものである。この婚姻は「山名年来これを望む。今日つひに此の儀あり」と記されたように（『建内記』文安四年二月二十五日条）、宗全が以前から細川方に働きかけてきた結果、実現したものであった。文安四年八月十九日に勝元は婚礼後初めて山名亭を訪問し、関係を深めている。宗全は時の管領であった勝元を娘婿にすることによって細川氏との提携を強め、中央政界における地位を揺るぎないものにしようとしたのであろう。

人格的結びつきを重視

室町幕府—守護体制が変質する中、諸大名が互いに結びつきを強めていく上で、婚姻関係や養子縁組・烏帽子親子関係など、個人的な絆が重要な政治的意味をもつようになる。山名宗全が大内教弘や細川勝元、のちには斯波義廉《よしかど》を娘婿としているように、彼はこうした人格的な結びつきをいち早く重視し、自らの権力拡大に利用していくのである。そして、これは山名氏を排除しようとする動きへの対抗でもあったと考えられる。

新将軍義政

文安六年（一四四九）、十五歳になった足利義政は将軍宣下《せんげ》をうけて、上意再建の動きを開始する。以後も管領が幕政を主導する体制はしばらく続くが、やがて幕政の中心は管領から将軍義政に移行していくことになる。しかし管領政治が展開し、両管領家を中心に諸大名が結集し系列化される関係ができあがっていたため、義政の上意のもとに諸大名を統制することは容易でなかった。

将軍と諸大名との確執

まもなく、上意再建をはかる義政と、管領・諸大名との間で確執が表面化する。宝徳《ほうとく》二年、義政は尾張の守護代である織田《おだ》氏の家督に上意として介入を行なった。義政は織田兄弟のうち、弟を退けて兄を家督に復帰させようとはかったのに対し、織田氏の主人である斯波義健《よしたけ》や義健の宿老《しゅくろう》甲斐常治《じょうち》は上意に応じない態度を示した。結局、義政の母である日野重子《ひのしげこ》や管領畠山持国をはじめとする諸大名も義政を制止し、斯波氏の意向に任せるよう説得したため、義政は孤立して介入を停止せざるをえなくなっている。義政の下知は彼の乳人《めのと》である今参局《いままいりのつぼね》と呼ばれた女性らが画策したものであり、上意再建の動きが将軍の側近勢力に支えられた脆弱なものであったことが分かる。

上意無視

また、両管領家（畠山氏と細川氏）が上意と偽って公権を発動したため、義政の立腹や在地の混乱を招いた事例もみられる。享徳《きょうとく》二年（一四五三）、細川勝元は義政より「近日、上意を伺わず、管領我が成敗をもって、奉書・御教書を書き出さる事等、度々に及」んだことを責められて、管領を辞職しようとした（『康富記』同年五月十三日条）。勝元は勝手に伊予の守護職を改補《かいほ》するなど、義政の上意を無視する動きをしたというのである。これに義政が反発して勝元との対立が生じたが、二年後には勝元が伊予の守護職を獲得してしまっている。

宗全退治の命令

山名宗全は、畠山持国・同義忠《よしただ》・細川勝元・同成之《しげゆき》・京極持清《もちきよ》らとともに、幕府の相伴衆として義政の活動を牽制する動きをみせていた。ところが享徳三年十一月、義政は突如として宗全を退治すべしとする命令を発した。しかし、細川勝元が執り成したため、宗全を隠居・在国させる処置に切り替えられ、山名氏の家督は子息の教豊《のりとよ》に譲与された。同年十二月六日、宗全は百騎の軍兵を引き連れて京都を去り、但馬に下向している。これ以前、宝徳元年十一月に義政が予定していた山名亭への渡御《とぎょ》を中止し、享徳二年十一月には山名氏に関する怪しい噂が流れ、管領勝元をはじめとする諸大名が分国の軍勢を召し寄せるなど、宗全の周辺には不穏な事件が相次いでいた。これらは、上意を無視して寺社本所領の荘園を押領する山名氏のやり方への疑問が高まっていたことが背景にあったと考えられる。

赤松赦免の動き

宗全退治の命令は、上意に従わない山名氏の振る舞いを譴責《けんせき》したものであると同時に、赤松氏を赦免して山名氏に奪われた分国を回復させようとする動きとも連動していた。赤松則尚が阿波細川氏や有馬元家《もといえ》などと結び、上意に取り入って赤松氏の復権を策したのである。一時は則尚が播磨を拝領したとする風聞も流れている（『師郷記《もろさとき》』享徳三年十一月四日条）。しかし、宗全退治の命令が撤回されて、旧赤松氏分国は山名教豊が継承することになったため、則尚はやむなく下向して播磨国内の軍事制圧を目指した。

赤松則尚の反乱

則尚方は一時は山名方を圧倒する勢いを示し、播磨の実効支配を行なった。これに対して、享徳四年四月、山名教豊は三百騎・歩兵数千人の軍勢を率いて則尚追討のため京都を出陣した。教豊は但馬に在国する宗全と合流して播磨に攻め入り、赤松勢を打ち破った。則尚は五月十二日に備前の鹿久居島《かくいじま》で自害し、則尚の被官人も丹波や摂津で討ち取られたという。教豊は八月に京都に凱旋している。こうして赤松則尚の反乱は鎮圧されたが、以後も赤松氏一族・家臣による山名氏への敵対の動きは収まっていない。赤松氏は細川勝元に接近しながら、山名氏に抵抗する姿勢をとり続けていくのである。

上意の弱体化・相対化

十五世紀の半ば、将軍の上意再建をはかる義政と諸大名との確執が深まりをみせる中で、もはや上意は絶対的なものではなく、将軍の支援があるからといって安心できるものではなくなっていた。大名たちが互いに支え合い、合力し合う関係を結ぶのと同様に、上意は特定の勢力に肩入れする機能を果たすものでしかなくなりつつあった。しかも、義政の上意は一貫性がなく、政治情勢に規定されて動揺しがちであった。上意はなお守護の軍勢を動かしうるなど現実的な効力をもち、一定の優越性を確保していたとはいえ、将軍が諸大名の結集の中核たりえない中で、上意の弱体化・相対化は避けがたいものであった。上意再建の動きは、相互に結合を深める諸大名の動きとたびたび衝突して、その限界を露呈させていくのである。

幕府権力の変質

ここまで述べてきたように、嘉吉の乱は室町幕府―守護体制における求心力を低下させ、幕府権力のあり方を大きく変質させる端緒となった。強大な上意の前に人々が抑制されていた義教期までと違って、地域権力の自立性が一挙に表面化し始めた。将軍義政は、自らの上意のもとに諸大名を組織できなくなる中で、養育関係（乳父・乳母）や家政機関の運用などを通じて結びついた側近勢力を基盤に上意の再建をはかった。その結果、幕府の全国政権としての性格は弱まり、幕府はその支配権を縮小しながら、京都周辺に権力基盤を集中させる道をたどった。こうして、将軍の権力は諸大名を統制できないまま、特定の側近勢力と結びつき、彼らに支えられるものへと変質していくのである。

第五　山名氏の分国支配と権力基盤

一　分国支配の展開

1　山名氏の本国但馬

山名氏の本国

山名一門は、明徳《めいとく》の乱以前には一族で十一ヵ国もの守護《しゅご》を務め「六分の一家衆」と称されたというが、明徳の乱後は三ヵ国に減少し、応永《おうえい》の乱の功績により六ヵ国に増え、嘉吉《かきつ》の乱後にさらに三ヵ国を加えるなど、確保していた分国《ぶんこく》は時期によって大きく変動している。南北朝期まで山名氏が活動の中心としていたのは伯耆国《ほうきのくに》であったが、明徳の乱以後、惣領《そうりょう》家《け》の本国となったのは但馬《たじま》であり、伯耆や因幡《いなば》・石見《いわみ》などは庶流《しょりゅう》家《け》の分国となっている。

本拠但馬

惣領家が但馬を本国に定めた理由として、何よりも京都との関係が深い地域であったことが挙げられよう。但馬は山陰道により京都と結ばれており、隣の丹波《たんば》や丹後《たんご》とともに、たえず京都文化が流入し、公家《くげ》・寺社の支配が強く及んだ地域であった。また、山名氏と但馬の領主層との結びつきが強く、被官《ひかん》化が浸透していたことも山名氏が本拠地とするのにふさわしかったのであろう。

分国支配

守護は在京が原則であったから、山名氏は各国ごとに守護代を置き、その下に郡レベルの役人（史料には「郡代《ぐんだい》」とか「郡奉行《ぐんぶぎょう》」・「郡使《ぐんし》」という名前が確認できる）を置いて分国支配を行なった。山名惣領家が守護代に任用したのは垣屋《かきや》氏や太田垣《おおたがき》氏など但馬を本拠地とする領主層であり、備後《びんご》や安芸《あき》・播磨《はりま》などの領主が任用されてはいない。ここからも、山名氏と但馬の領主たちとの強い結びつきをうかがうことができる。

但馬下向

守護は守護代に各分国の経営を担当させたが、時には守護自身が分国に下ることもあった。生涯のほとんどを京都で活動した山名宗全の場合も、本国である但馬に下向したことが何度か確認される。宗全の但馬下向の最初は、嘉吉元年（一四四一）、嘉吉の乱を起こした赤松満祐《みつすけ》を追討するため入国した時である。次が文安《ぶんあん》元年（一四四四）十一月に播磨の赤松満政《みつまさ》を討伐するため但馬に下向した時で、宗全は百四十二騎の軍兵を引き連れて赤松氏の反乱鎮圧に出陣している。このように、山名氏は播磨を攻める時、いったん但馬に下り軍勢を整えた上で、朝来郡《あさごぐん》から播磨へ入るという方法をとっている。円山川《まるやまがわ》に沿って南下し、真弓峠《まゆみとうげ》を越えて市川《いちかわ》沿いに播磨に進攻するルートである。

三度目の下向

但馬下向の三度目は、享徳《きょうとく》三年（一四五四）十一月、宗全が将軍義政《よしまさ》の怒りをかい、隠居を命じられて京都を去った時である。宗全は家督《かとく》を子息教豊《のりとよ》に譲与して但馬に下った。宗全に代わって子息教豊が幕府に出仕している。この時は戦闘のため一時的に京都を留守にするものではなかったため、宗全の妻女らも但馬に下っている。しかし、将軍の上意に背いたとして隠居・在国を余儀なくされたからといって、宗全は権力を喪失したわけではない。そこが嘉吉の乱以前と状況が異なるところである。宗全は但馬に下った後も、依然として実質的な家督として振る舞っており、分国内の国人《こくじん》は但馬に赴いて宗全より知行安堵《ちぎょうあんど》をうけている。ともあれ、宗全は長禄《ちょうろく》二年（一四五八）八月九日に義政から許されて帰京するまで、約四年間にわたって但馬の地で過ごすのである。

守護所の所在地

但馬における山名氏の拠点、すなわち守護所《しゅごしょ》の所在地に関しては、従来、但馬一宮《いちのみや》である出石《いずし》神社の背後に位置する此隅山城《このすみやまじょう》（標高約一四〇メートル）を山名氏の本城とする見方が強かった。この城は、山名氏が文中《ぶんちゅう》年間（一三七二～七五）に築城したと伝承され、山麓には字「御屋敷」という地名も存在している。

此隅山城

しかし、近年の研究によれば、山名氏の守護所は城崎郡《きのさきぐん》の九日市《ここのかいち》にあったとする見方が有力になってきている。文献史料からは十四世紀半ば以降、山名氏が九日市場を拠点としていたことが確認される。享徳三年からの四年間を但馬で過ごした宗全も、此隅山のある出石郡ではなく「城崎郡居住」（『蟬《ぜん》庵稿《あんこう》』）とされており、宗全のもとに下向した備後の国人山内泰通《やまのうちやすみち》が宗全から安堵状を授かったのも九日市においてであった（『山内首藤《すどう》家文書』）。室町時代の但馬の守護所は九日市と考えてよいであろう。応仁《おうにん》の乱の際には、垣屋越前入道宗忠《えちぜんにゅうどうそうちゅう》が九日市にいて東軍の攻撃を撃退したことが『応仁別記』に記されており、守護代垣屋氏の一族が守護所を守っていたものと思われる。

九日市周辺の地勢

九日市は但馬最大の平野が広がる豊岡《とよおか》盆地にあり、すぐ東を円山川が流れ、西からは丘陵が張り出した地点に位置する。河川交通や水運の要地で、その地名から知られるように早くから町場が形成されていたとみられる。但馬国府のあった府中からも近く、政治や経済を掌握する上で守護所にふさわしい場所であった。円山川の自然堤防上の微高地に「御屋敷」という小字が存在しており、山名氏が居所としていたことをうかがわせるものの、現在は宅地化が進行しており、正確な位置や規模を知ることは困難である。

本拠地の移転

宗全の後継者である政豊《まさとよ》も、長享《ちょうきょう》年間（一四八七〜八九）と延徳《えんとく》年間（一四八九〜九二）に九日市に居住していたことが確認できるが、九日市が守護所であったのは十五世紀末までで、十六世紀に入ると山名氏の拠点であったことを示す史料は確認できなくなる。戦乱が激化し軍事的な緊張が高まる中で、山名氏の本拠地は出石郡の此隅山城に移ったと思われる。

此隅山城の遺構

此隅山城に残る曲輪《くるわ》群は戦国時代後半のものとみられ、城下の発掘調査では十五世紀後半から十六世紀の遺構や遺物が検出されている（兵庫県考古博物館編『宮内堀脇遺跡 I』）。

京都と分国との関係

康正《こうしょう》二年（一四五六）、宗全が但馬に隠居・在国中に、子息教豊のいた京都の山名屋敷が炎上するという出来事が起きている。これを記した『大乗院寺社雑事記《だいじょういんじしゃぞうじき》』同二年十二月二十一日には、「山名の宅、皆悉く炎上す、分国の迷惑これに過ぐべからず」と書かれており、京都の屋形と分国との緊密な関係をうかがせるものがある。守護は在京して室町幕府―守護体制を構成する一員として活動することで分国を確保する一方、分国を安定的に経営することにより京都における活動が支えられるというように、在京活動と分国経営は相互に補完し合う関係にあった。京都の情勢と分国の経営は密接に連動しており、京都から分国へ、また分国から京都へと、使者が行き交い相互に情報が伝達されて緊密な交通が展開していたと思われる。

但馬守護代

但馬の守護代を務めたのは気多郡《けたぐん》を本拠とする垣屋氏と朝来郡の太田垣氏であり、垣屋氏が円山川支流の稲葉川《いなんばがわ》の中・下流域を本拠に但馬北部を支配したのに対し、太田垣氏は同じく支流の建屋川《たてやがわ》沿いの地域から勢力を伸ばして但馬南部に権限を振るった。山名宗全が南方からの播磨勢の侵攻を防ぐため十三年の歳月をかけて築いたとされるのが竹田城（標高三七〇㍍）で、太田垣光景《みつかげ》を城主に任じたと伝えられる。竹田城《たけだじょう》は全国的にも屈指の高石垣が残る中世山城として有名であるが、今残されている遺構は十六世紀末まで下るものとみられる。

有力被官人

竹　田　城

このほかに、山陰道を押さえる交通の要衝である八木城《やぎじょう》（標高三二〇メートル）を本拠とした養父郡《やぶぐん》の八木氏、円山川下流の城崎郡の田結庄《たいのしょう》氏などが、山名氏の但馬支配を支えた有力な被官人であったとされる。但馬の領主の多くは南北朝期から守護山名氏に服属しており、戦国時代になるまで守護支配に敵対する動きはほとんど見受けられない。宗全は但馬の領主たちとの強固な被官関係を権力基盤とすることにより、京都政界や他の守護分国において大きな勢力を築くことができたものと考えられる。

円山川水運

但馬では円山川に沿う地域が最も開

けた場所で、交通の要地には九日市をはじめとする町場が形成された。円山川は水運の動脈として重要で、古くはかなり奥まで川船が通行していたようである。朝鮮の申叔《しんしゅく》舟《しゅう》の著した『海東諸国紀《かいとうしょこくき》』には、応仁元年（一四六七）に但馬津山関《つやまのせき》の佐々木兵庫助《ひょうごのすけ》源《みなもとの》国吉《くによし》という人物が、朝鮮に使いを遣わしていたことが書かれている。津山関とは円山川が日本海に注ぐ河口部に位置する津居山《ついやま》のことで、ここが但馬を代表する重要な港湾であったことをうかがわせる。山陰における山名氏の拠点はいずれも港湾を意識した位置にあることも指摘されており（鋤柄俊夫「中世西日本海地域の都市と館」）、山名氏は内陸から河川交通を利用して日本海に物資を運び出し、利益を得ていたものと考えられる。

2　備後と安芸

国人領主

山名氏が本国但馬の領主の多くを被官化し、彼らを被官人の中核として組織したとみられるのに対して、同じ惣領家の分国でも備後や安芸には守護山名氏から自立的な国人が多かったようである。永享《えいきょう》五年（一四三三）に駿河の守護今川氏の家督をめぐって紛争が生じた時、将軍足利義教が駿河国人と今川氏の内者の意向を探らせたように、守護分国の中にいた領主は国人と守護の被官人（内者・内衆《うちしゅう》）の二つに大別される。被官人が守護を主人として主従制的に組織された者たちであるのに対し、国人は守護の公的な権限に従うとはいえ、守護に対する自立性の強い領主たちであった。

国人層統制の実現

応永八年（一四〇一）に備後の守護職を得た山名時熙《ときひろ》は、佐々木筑前《ちくぜん》入道と太田垣式部《しきぶ》入道の二人を守護代として入国させるとともに、備後北部の国人領主である山内氏に対し「毎事御等閑なく候はば、悦び入り候」と書き送って、守護支配への協力を要請している（『山内首藤家文書』）。その直後には、時熙は山内氏の本領である地毘荘《じびのしょう》地頭職《じとうしき》を亡父の譲状《ゆずりじょう》のとおり保証した安堵状を与えた。しかし、この段階では、国人たちは守護に一元的に結びついてはおらず、守護山名氏はあくまで幕府をバックにすることで国人層の統制を実現していたと考えられる。

守護被官と国人

本来、山内氏などは鎌倉時代以来の地頭御家人《ごけにん》であり、将軍家に直属する存在であった。しかし、室町時代に守護の分国支配が展開していく中で、彼らは守護の統制下に服すことが多くなる。とはいえ、守護が地頭御家人の系譜をひく国人たちを完全に被官化するのは困難であり、国人層が守護から自立的な立場を確保することも少なくない。山内氏の場合も、応永十五年に幕府から両使の一人として押妨停止を命じられており、永享八年には戦功を賞する幕府御教書《みぎょうしょ》を授かっている。国人層は将軍家に直接結びつく

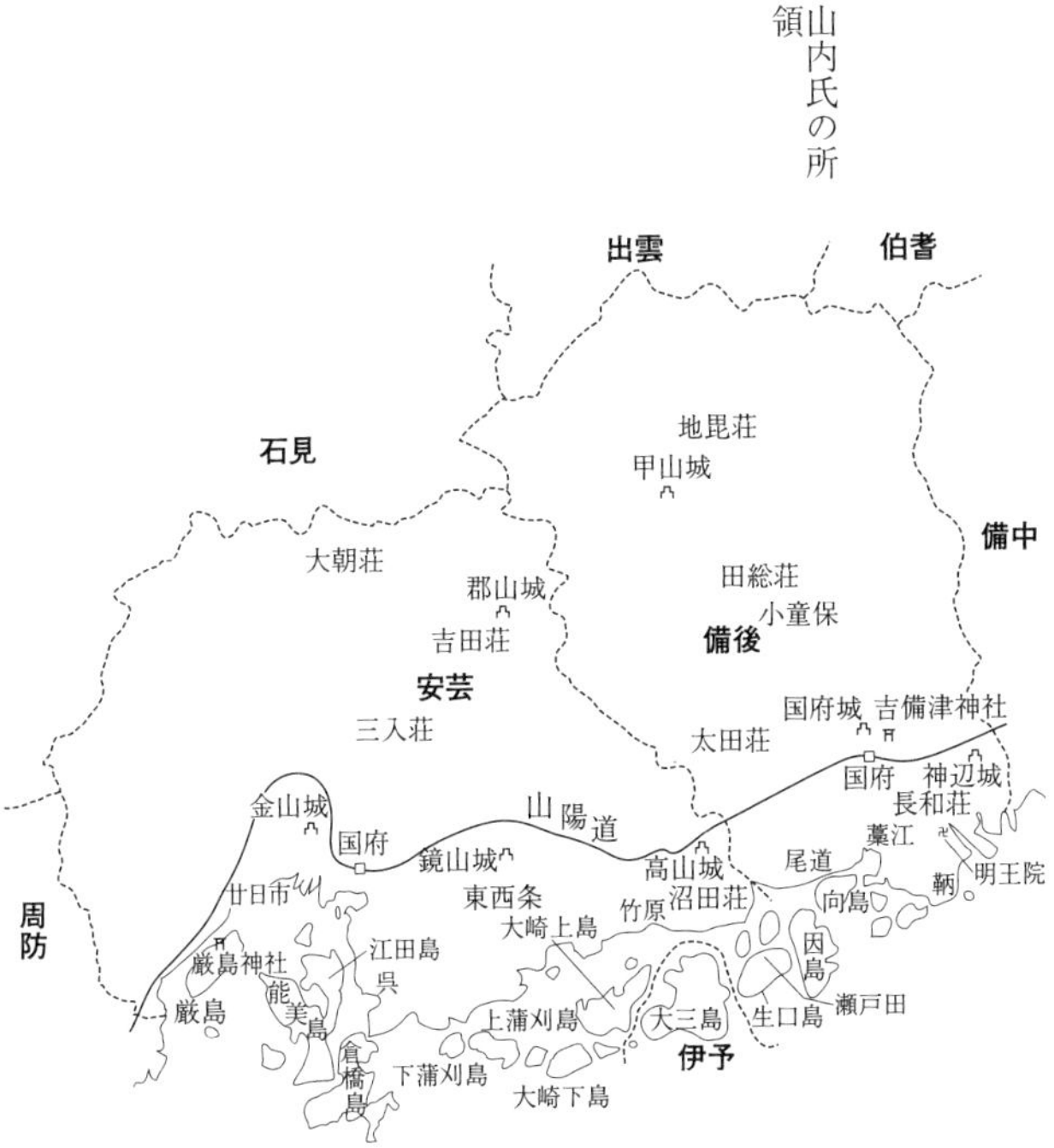

安芸・備後国地図

性格を残しており、守護被官との身分的な差異は容易に無くならなかったのである。

山内氏の所領を調べてみると、本領《ほんりょう》・給分《きゅうぶん》・請地《うけち》という大別して三つの部分から構成されることが判明する（川岡勉『室町幕府と守護権力』第二部第三章）。本領とは領主支配の中核をなす部分であり、山内氏の場合は鎌倉時代から確保してきた地毘荘の地頭職がそれに相当する。本領支配の根拠は将軍家から拝領した下文《くだしぶみ》に求められ、先祖代々将軍家の保証下で本領を確保してきたことが、室町時代に入っても守護に対する自立性をもちえた基礎であった。

給分

　これに対して、給分は新たに守護山名氏から拝領した土地であり、山内氏は康応《こうおう》二年（一三九〇）を皮切りとして、山名氏から給分を付与されている。山内氏に給分として与えられた土地が山名氏の意向でしばしば知行替えされているところからすれば、給分に対する山内氏の支配権、在地との結びつきは、本領ほど強固なものではなかったとみられる。むしろ、山内氏は守護山名氏に従うかぎりにおいて給分を確保することができたのである。山名時義《ときよし》や時熙が守護を務めていた時代など、最初のころは、山内氏の給分地は、おおむね本領である地毘荘の周辺やその内部に与えられることが多かったようで、本領を中核とする領域的支配を促進することになったと思われる。

請地

　請地は、荘園領主と山内氏との間で代官職（所務職《しょむしき》）契約を結び、年貢を京都に送る約束をすることにより支配を行なった土地である。そこには国人層が代官職を望む動きが前提として存在していたとみられるが、荘園領主側にとっても彼ら国人層に依拠し、彼らの実力に頼ることで年貢分を確保しようとしたのであろう。とくに応安《おうあん》〜応永年間初頭に集中して、地毘荘内各郷についての代官職契約が次々と結ばれていく事実を確認することができる。その結果、地毘荘全域が山内氏の請地となるに至っている。

山名氏による給分宛行関係表　1（山名時義・時熙期）

	年	文書名	宛　所	内　容	出　典
①	至徳3(1386)	時義判物	小早川又四郎	三津荘領家職を給分として宛行う	小早川家文書 71
②	康応2(1390)	時熙判物	山内下野守 山内駿河守	信敷荘東方を給分として宛行う	山内首藤家文書65,542
③	応永17(1410)	〃	山内四郎二郎	地毘荘内福田十名を給分として宛行う	〃 85
④	〃	〃	山内下野四郎二郎	地毘荘内残田名を給分として宛行う	〃 86
⑤	応永21(1414)	〃	山内上野介	地毘荘内奈目良分を給分として宛行う	〃 87
⑥	年不詳	時熙書状	〃	三河内給分・奈目良給分の替地として津口荘半済を宛行う	〃 88
⑦	応永24(1417)	高富地頭分内堤方給分目録			鼓文書(『広島県史』)
⑧	応永30(1423)	時熙判物	山内上野介	地毘荘内河北領家職を給分として宛行う	山内首藤家文書 89
⑨	年不詳	時熙書状	山内上野守	地毘荘内福田を三河内へ給分として宛行う	〃 90
⑩	応永34(1427)	長井道寿置文		賀茂郷を時熙より給分に給わる	田総家文書(『広島県史』)
⑪	正長元(1428)	時熙判物	村上備中入道	多嶋地頭職を給分として宛行う	因島村上文書(『広島県史』)

所領構成

以上のように、山内氏は本領である地毘荘を中核としながら、給分・請地を組み合わせて、領主支配を展開していった。同様のあり方は、同じ備後の国人である長井（田《た》総《ぶさ》）氏についても読み取ることができる。長井氏の本領は、鎌倉時代以来、備後国内に保持してきた田総荘・小童保《ひちのほ》・長和荘《ながわのしょう》東方の地頭職と、南北朝期に足利将軍家から拝領した石成荘下村地頭職であった。長井氏が応永三十二年に作成した譲状には、この四ヵ所が記載されている。ところが、その二年後に作られた置文《おきぶみ》には、四ヵ所の本領に加えて、山名氏から与えられた給分である備後国世羅郡賀茂郷《せらぐんかものごう》と、請地である祇園社領《ぎおんしゃりょう》小童保領《りょう》家《け》方が書き上げられている。山内氏と同様、長井氏においても、本領と給分・請地という所領構成が確認できるのである。

山名氏の備後支配

国人は守護の被官人とは性格が異なり、守護の主従制的な支配に一元的に服してはいなかったと考えられる。室町幕府―守護体制という武家の権力秩序の中にあって、前述した本領・給分・請地という三種類の土地を媒介として、国人たちは幕府・守護・荘園領主との間にそれぞれ結びつきをもっていたのである。とりわけ将軍家の保障をうけていた本領は、国人の自立性を支える根拠であった。守護から自立性の強い国人たちが多かったため、山名氏による備後の支配には不安定な要素がつきまとった。応永二十八年十二月、山名宗全は一族の上総介《かずさのすけ》（熙高《ひろたか》）とともに国人退治のため備後に発向した。合戦に及ばないうちに敵が退散して国内は平穏にもどったとはいえ、分国支配が不安定であった様子をうかがわせる。また、永享九年七月に兄持熙《もちひろ》が宗全に敵対する兵を挙げたのも備後であった。国府《こくふ》城《じょう》に立て籠った持熙は宗全方の軍兵に討ち取られてしまうが、備後国内には宗全に反発する勢力がいたものと思われる。

給分付与と国人統制

山名氏は国人たちに給分を与えて関係を深め、その見返りに軍役《ぐんやく》を負担させるという形で統制を強めていった。嘉吉の乱後、宗全による播磨制圧の戦闘に参陣した長井時里《ときさと》は、その勲功により播磨に給分を獲得している。守護山名氏と国人との関係は、給分の付与を通じてしだいに親密なものになっていくのである。また、長井氏が荘園領主との間に小童保領家方の代官請《だいかんうけ》の契約を結ぶにあたって、山名氏が保証人になったことが確認され、請地を確保する上でも守護山名氏との関係が重要であったとみられる。備後は鞆《とも》・尾道《おのみち》などの良港に恵まれた豊かな国であり、宗全にとって備後の支配を安定させることは急務であったといえよう。

安芸の国人

備後以上に国人の自立性が高かったのが、安芸の場合である。当国が初めて山名氏の分国となるのは、応永の乱の後、幕府が大内《おおうち》氏を封じ込める態勢をとろうとした時である。この時、幕府は山名満氏《みつうじ》に命じて国人層の知行地《ちぎょうち》を調査させており、満氏はこれに基づいて国人層の所領の安堵・整理を行なおうとした。しかし、多くの安芸国人がこれに反発し、三十三名のメンバーが一致して行動することを申し合わせ、国人一揆《こくじんいっき》を結成した。国人一揆は幕府による討伐軍派遣の前に瓦解するが、満氏は更迭されて山名熙《ひろ》重《しげ》に交替している。このように、安芸では隣国の大内氏の影響力が強かったこともあって、守護山名氏の分国支配への抵抗姿勢が強かった。また、当国の伝統的な守護家であった武田氏が安南《あなん》・佐東《さとう》・山県郡《やまがたぐん》を「分郡」として確保しており、大内氏もまた東西条（賀茂郡一帯）や日高《ひだか》・蒲刈《かまがり》・椋橋《くらはし》の島嶼部を直接支配していた。守護山名氏の安芸支配はかなり限定的なものであったといえよう。

国人の動向

　永享四年、九州北部で大内氏と大友《おおとも》・少弐《しょうに》氏との戦闘が展開していた時、守護山名氏の命令で備後や安芸・石見の軍勢の出陣がはかられたが、安芸には武田氏・小早川氏のように守護山名氏の動員に応じない者が存在していた。両氏に対しては、山名方より動員があればそれに従うように幕府から申し付けておかなければならなかった。その後、安芸の国人は大内持世《もちよ》の催促により九州へ渡るように命じられることになる。それにもかかわらず、小早川則平《のりひら》のようにあくまで幕府の指示に従う態度をみせる者もいた。小早川氏や吉川《きつかわ》氏・毛利氏・平賀《ひらが》氏など、安芸の国人たちには将軍家から感状《かんじょう》が出されており、彼らには将軍家に直接結びつこうとする姿勢が濃厚であった。

3　播磨の分国化

播磨国

嘉吉の乱後、赤松満祐を滅ぼした山名一族は幕府から赤松氏の守護分国を拝領し、惣領の宗全が播磨、庶流の教之《のりゆき》が備前《びぜん》、同教清《のりきよ》が美作《みまさか》の守護にそれぞれ任命された。宗全が分国に加えることに成功した播磨は、温暖で平野が多く、古くから水陸の交通が発達した豊かな国であった。宗全は垣屋・太田垣・犬橋《いぬはし》の三人を守護代として播磨に送り込み、赤松方の勢力から所領を没収していくことになる。

闕所地宛行

文安二年（一四四五）九月、宗全は赤松氏退治の立願が叶ったとして播磨国内の所領を但馬の妙見社《みょうけんしゃ》に寄進《きしん》したが、これは「上月《こうづき》勘解由《かげゆ》左衛門尉《ざえもんのじょう》跡《あと》」、「多賀谷《たがや》因幡入道跡」、「上月伊勢守跡《いせのかみあと》」、「柏原《かいばら》右《う》京亮《きょうのすけ》跡《あと》」と記されているように、いずれも赤松氏の家臣から没収した闕所地《けつしょち》であった（『日光院文書』）。宗全が赤松方から土地を取り上げて山名方の武士に宛行《あてが》うという場合もあった。同元年七月に、山内時通《ときみち》が宗全から給分として与えられた明石郡《あかしぐん》枝吉別苻《しきつべつぶ》領家《りょうけ》、翌年十月に付与された揖西郡《いっさいぐん》桑原荘《くわばらのしょう》地頭職は、それぞ

田総氏への給分

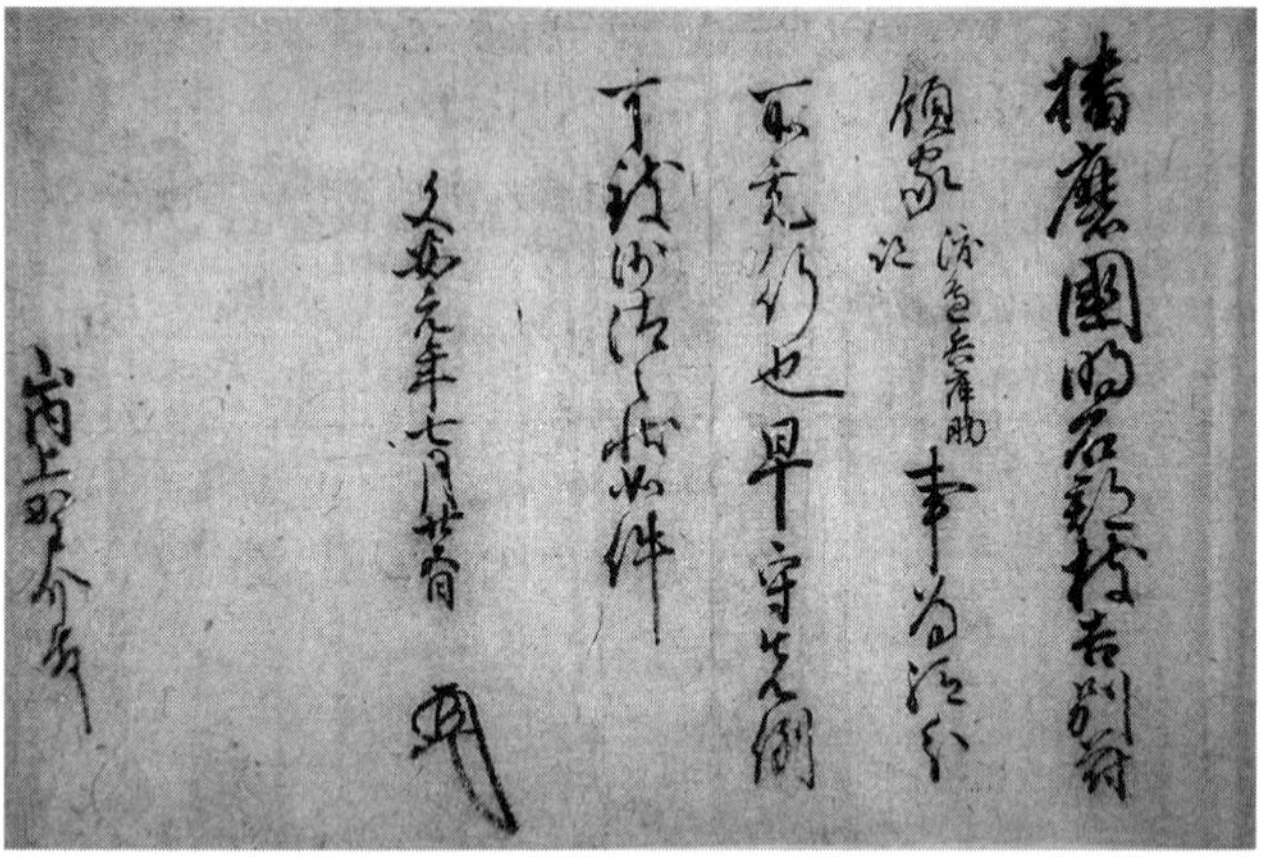

山名宗全判物（文安元年 7 月25日，山内首藤家文書より）

れ「渡邊兵庫助跡」、「桑原左衛門太郎跡」と記されており、赤松方の武士の領地が没収されて山内氏に給付されたものとみられる（『山内首藤家文書』）。宗全は、闕所地処分権を根拠に、播磨制圧に功績を挙げた武士たちに所領を与えたのである。

同じ備後の国人である長井（田総）氏の場合も、長井時里が播磨国揖西郡の平位《ひらい》に給分を獲得しているが、それは山名氏の播磨制圧に参陣した「勲功」によるものであったという（『田総家文書』）。播磨国内における給分の付与が宗全の軍事行動と密接に関連していたことが分かる。後年、時里は「播州平位用害《ようがい》」において討死を遂げており、長井氏の給分である平位が軍事的な意味をもっていたことが予想される。山内氏に与えられた桑原荘と長井氏が獲得した平位荘は隣り合っており、宗全が備後国人層に宛行った播磨国内の給分は、山名方の播磨支配の拠点として機能していたようである。

国人・被官との関係の緊密化

以上のように、山名氏に従う武士たちは、宗全が播磨を分国に加えたことに伴い、本領の周辺だけでなく播磨国内にも所領を広げる機会が生まれた。その中には、赤松方から没収した所領のほかに、山名方による押領《おうりょう》地《ち》も少なくなかったとみられる。春日社《かすがしゃ》領《りょう》である播磨国久留美荘《くるみのしょう》などは、年貢未進の状態が続いたままで、守護による給分として被官人に宛行われてしまっている（『建内記《けんないき》』文安四年二月二十七日条）。守護山名氏は、国人や被官に給分を加増することで彼らとの関係を緊密化し、広く分国内外での軍事行動に彼らを参陣させることが可能になったのである。

在地支配

宗全が新たに獲得した播磨では、かなり徹底した在地の実態把握がなされたようである。とくに播磨三郡において、文安元年に「散合《さんごう》」（「地検《ちけん》」とも表現される）が実施されたことは前述した。郡内の寺社本所領に関して、田数や年貢収納の状況、支配の形態などを調査したものである。赤松氏から奪い取った占領地域であっただけに、宗全は在地への支配権を強く浸透させようとはかったとみられる。しかし、こうした積極的な施策は、

山名氏による給分宛行関係表　2（山名持豊期）

	年	文書名	宛　所	内　容	出　典
①	文安元（1444）	持豊判物	山内上野介	（播磨）枝吉別苻領家を給分として宛行う	山内首藤家文書　97
②	文安2（1445）	〃	〃	（播磨）桑原荘地頭職を給分として宛行う	〃　98
③	文安4（1447）	長井時里置文		（播磨）平位を給分として宛行う	田総家文書（『広島県史』）
④	康正元（1455）	持豊判物	山内次郎四郎	（播磨）恒富保内小原村・念井位田内を給分として宛行う	山内首藤家文書　103
⑤	寛正2（1461）	〃	佐々木橋本又三郎	（但馬）上山村領家職・友長跡を給分として安堵する	橋本文書（『兵庫県史』）
⑥	寛正4（1463）	〃	牧田茶々法師	（播磨）松井荘右方半分・道山村延勝寺分を給分として安堵する	牧田文書（『兵庫県史』）
⑦	文正2（1467）	〃	山内新左衛門尉	（備後）岩成下村領家分・伊与西村半済を給分として宛行う	山内首藤家文書　111
⑧	応仁2（1468）	持豊書状	〃	（備後）信敷東分半分を給分として宛行う	〃　114
⑨	文明2（1470）	持豊判物	〃	（備後）信敷東方半分の替地として，信敷東西・地毘荘津口領家・岩成下村・伊与半済公用段銭を給分として宛行う	〃　119
⑩	〃	〃	〃	（備後）信敷東方を一円宛行う	〃　120

播磨国の不安定要素

寺社本所側の反発を生まざるをえない。寛正《かんしょう》六年（一四六五）六月十二日、幕府は宗全の申請に基づき、播磨の寺社本所に荘園内の赤松牢人を匿わないように命じている（『伊和《いわ》神社文書』）。これは、播磨国内の寺社本所領に赤松氏の残党が隠れ住んでいたことを示しており、寺社本所側に宗全の支配に対する根強い反発があったことをうかがわせる。そして、まもなく応仁の乱が勃発すると、播磨では赤松氏の残党が蜂起して山名氏への抵抗が表面化することになる。宗全による播磨の分国化は、こうした不安定な要素を抱え込んでいたのである。

4 宗全による分国の一体化

広大な支配地域

嘉吉の乱が起きる前、山名氏は惣領家の宗全が但馬・備後・安芸、庶流家が因幡・伯耆など、山陰道諸国を中心に守護職を確保してきた。乱後になると、播磨・備前・美作を手に入れたことにより、山陰道では京極《きょうごく》氏の分国である出雲《いずも》を除けば但馬から石見まで、山陽道では細川氏の分国である備中《びっちゅう》を除けば播磨から安芸まで、山陰・山陽にまたがる広い地域を一族で支配する体制を作り上げていった。

分国支配の変化

前述したように、十五世紀の中盤は室町幕府―守護体制が大きく変質する時期である。

それまでは、在京して幕府―守護体制に依拠することこそ、守護が分国支配を維持する要件であった。ところが、嘉吉の乱以後、将軍の上意が実質的に不在となる中で、幕府の全国支配が弱まり、諸国の守護は自力で分国支配を維持しなければならなくなる。守護は分国内の領主たちの組織化を進め、それまで自立性の強かった国人たちとの間にも主従制的な関係を築き上げていくのである。

守護による国人の知行保証体制

守護と国人の関係が深まっていく中で、国人の所領においては本領・給分・請地という区分を越えて、守護山名氏が一元的に国人の知行権を保証する体制が確立してくる。たとえば備後の長井氏の事例をみると、足利尊氏《あしかがたかうじ》・直義《ただよし》・義詮《よしあきら》・義満《よしみつ》のころまでは専ら将軍家によって長井氏の知行権が保証されてきた。応永～永享年間においても、守護の文書は山名氏が給分として与えた賀茂郷の知行権を保証するだけであった。ところが山名宗全の段階に至ると、給分のみならず、長井氏の本領である田総地頭分についても守護の文書が発給されるようになっている（『田総家文書』）。

実質的な家督

康正二年（一四五六）、備後の国人である山内時通が死んだ時、嫡子の次郎四郎（泰通《やすみち》）は京都において父親の忌みが明けた後、山名氏の家督である教豊のもとに出仕したが、その後で但馬在国中の宗全のもとに赴いて知行の安堵をうけている（『山内首藤家文書』）。当時、宗全は将軍家より隠居を命じられて京都を追放されていたが、山内氏の動静をみる限り、宗全は依然として実質的な山名氏の家督であったことが読み取れる。分国内の国人層が所領を確保するためには、京都の教豊のもとに出仕するだけでは十分でなく、但馬にいた宗全から知行権の保証をうける必要があったのである。宗全は六月十九日付で「亡父跡、備後・播磨両国内所々請地等在之」を従前どおり知行することを認めた安堵状を泰通に与えている（『山内首藤家文書』）。備後の本領をはじめ、播磨で獲得した給分や請地の部分を含めて、国人領主の所領のすべてが守護から保証されるようになっていることが分かる。

分国内秩序の一元化

ここには、将軍家を中核とする京都の秩序と、山名氏の本国但馬を中心とする分国の秩序が併存しており、後者が次第に優越しつつある状況を見出すことができる。山名氏分国は、本国である但馬を中心に、有機的なまとまりをみせ、分国の一体化が進行していくのである。分国内部で完結する知行権の保証体制の確立は、領主たちが守護山名氏に一元的に結びついていくことを意味している。そして、守護からの知行権の保証は守護への軍役の提供と表裏の関係にあった。長井氏や山内氏など本来は自立性の強かった国人層も含めて、領主たちは守護からの軍事的な要請に応え、分国内外での軍事行動に

守護分国の一体化

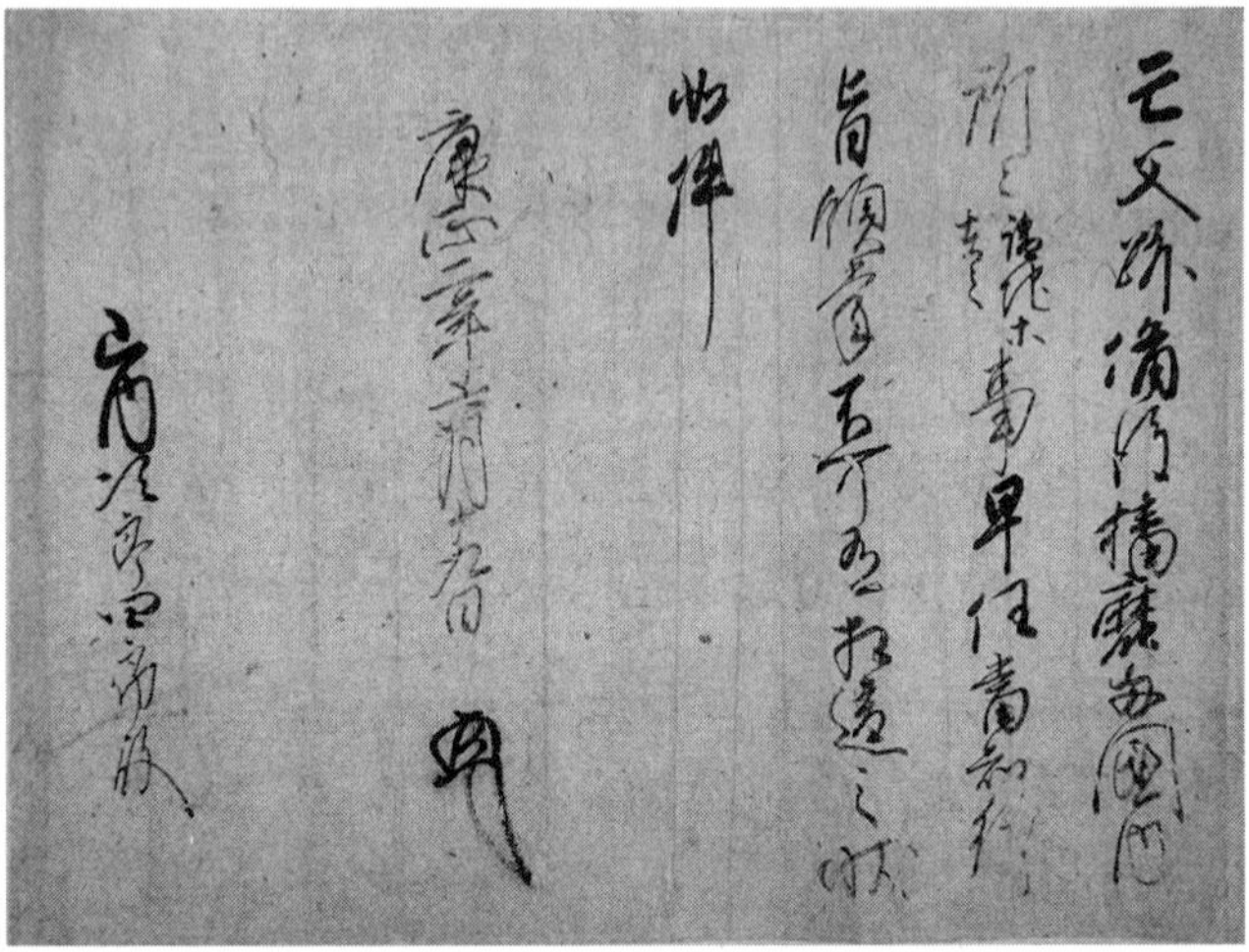

山名宗全判物（康正２年６月19日，山内首藤家文書より）

積極的に参陣している。

後年、応仁の乱においても、山名氏分国の領主たちの多くは西軍の山名宗全方に立って軍事行動に励むことになる。『大乗院寺社雑事記』応仁元年（一四六七）六月四日条では「山名方八ヵ国勢」、『経覚《きょうがく》私《し》要鈔《ようしょう》』同年六月二十九日条では安芸・石見・備前・但馬・備後・播磨の「六ヵ国勢」が丹波路より入京したとされ、後者ではその軍勢は約八万と噂されたことが書かれている。宗全の分国のみならず、山名一族の分国の軍勢も、いったん本国但馬に集結した後、丹波を経て上洛するという動き方をとっていることに気づかされる。

大内氏の事例

もちろん、守護の分国が一体化していく現象は、山名氏分国においてのみみられるわけではない。むしろ、十五世紀半ば、将軍の上意の優位性が崩れ、守護が上意から自立していく中にあって、公権が守護のもとに一元化され、守護分国が一体性を強めるという現象はかなり広く見出すことができる。たとえば周防《すおう》の大内氏などは、十五世紀半ばに氏寺《うじでら》である興隆寺《こうりゅうじ》の祭祀頭役《さいしとうやく》を分国全体の公役として負担する体制を確立させている。大内氏は、同じころに分国中に適用される法令（大内氏掟書《おきてがき》）を発布し、その意向に背いた者は分国から追放処分とすることを定めた。武士のみならず広く一般民衆も含めて、分国の掟に従うことが求められたのである。

戦国への歩み

戦国時代になると、政治や経済をはじめ、知行制・租税制・裁判・文化・宗教等々、様々な面で分国単位のまとまりが強化されていき、諸国で分国法《ぶんこくほう》が制定された。山名宗全はいったん室町幕府―守護体制の枠組から排除されて在国する立場に置かれただけに、他の守護権力に先がけて分国支配の自立性を高め、分国内の諸勢力を山名氏権力のもとに結集させることになったと思われる。時代は確実に戦国に向かって走り始めていたのである。

二　宗全の家臣団と軍事力

国人と被官・家人

山名氏のような室町時代の守護は、守護を務める分国内の領主・武士たちを様々な形で組織し、権力の基盤としていた。それは一般に主従関係という言葉で概括されることが多いが、守護とそうした関係を結ぶ者たちをみていく場合、国人という言葉で表現される自立性の強い領主と、内者・内衆などと呼ばれる守護に直属する被官・家人《けにん》とに大きく分けて考えてみる必要がある。

国人領主

まず国人と表現される領主たちは、先祖から受け継いできた土地（本領）を維持し、これを基礎に守護に対して自立的な性格を確保していた。守護の側は国人たちの統制をはかり、分国支配の安定に努めたが、守護の命令に従わない動きをみせる国人も少なくなかった。守護が彼らを動員するのは基本的に一国単位の軍事動員権に基づくものであり、それが可能であったのは幕府から守護職に任命されていたからである。したがって、守護にとっては、在京して室町幕府―守護体制という武家権力秩序に連なることこそ、国人統制を実現するカギであったとみることができる。

被官人

　これに対して、守護と被官人の関係は直接的な服属関係で結びついたものであり、一般に守護と国人との関係よりも強固であったと考えられる。山名氏の被官人組織に関しては、明徳の乱を境にその顔触れや序列が大きく変動したことが指摘されている（宿南保「但馬山名氏と垣屋・太田垣両守護代家」）。すなわち、それまで執事を務めていた小林氏をはじめ、土屋・長《ちょう》・奈佐《なさ》氏など山名氏配下の有力内衆であった武士の多くが、この乱で山名氏清《うじきよ》方に立って戦死を遂げたのに対し、勝利した山名時熙の側に属した者たちが力を伸ばすのである。それまでさして有力でなかった垣屋氏や太田垣氏などが、山名氏の被官人として台頭していくのもこの乱の後である。

垣屋氏

　垣屋氏は、南北朝期に山名氏に従って関東から移住してきた土屋党に属す一族であったが、土屋党の中では傍流《ぼうりゅう》だったとみられる。明徳の乱において氏清方についた土屋党五十三人が悉く内野《うちの》で戦死したのに対し、時熙の危急を救って討死したとされるのが「柿屋弾正《だんじょう》」で、その末流が有力家臣にのし上がっていった。

太田垣氏

太田垣氏の方は、但馬生え抜きの豪族日下部《くさかべ》氏の分流であるが、南北朝期まで地頭に任じられた形跡はなく、山名氏の重臣として頭角を現すのはやはり明徳の乱後であった。垣屋・太田垣両氏は、山名氏被官人の双璧として、在京する山名氏の活動を支えるとともに、たびたび守護代に任じられて分国支配の上でも重要な役割を担うことになる。

被官人の中核

『応仁記』によれば、文正《ぶんしょう》元年（一四六六）に宗全が将軍義政に合戦を辞さずとして分国の軍勢を動員した時、「山名ノ被官ニ垣屋、大田垣等十三人」が宗全に連署状《れんしょじょう》を差し出して交戦を制止し、それでも戦うというのなら一同出家・入道して高野山《こうやさん》に上ると諫めたという。垣屋・太田垣両氏をはじめ、十数名の被官人が宗全の周辺を固めていたことがうかがわれる。『応仁私記』では、翌年の応仁の乱勃発にあたって宗全を諫めた垣屋・太田垣の二人を「御内仁左右人」と記しており、両者が被官人の中核であったことを示す表現が認められる。

主たる五人の被官人

一方、山名氏には、主たる被官人が五人いたことを示す記事が各種の史料に見出される。早くは『満済准后日記《まんさいじゅごうにっき》』永享六年正月二十八日条に「山名内者垣屋以下五人」が早《はや》歌《うた》の助音《じょいん》を務めたとする記事が認められるほか、宗全が文明《ぶんめい》四年（一四七二）二月十六日に東軍との和議について西軍諸将の意向を探らせた時、使者として派遣されたのは垣屋・太田垣・塩冶民部《みんぶ》・佐々木近江《おうみ》入道・田公《たぎみ》の五人であったという（『大乗院寺社雑事記』同四年二月二十六日条）。『東寺執行日記《とうじしぎょうにっき》』同六年四月三日条によれば、山名氏と細川氏の和睦にあたり、山名宮田殿《みやたどの》の御内である垣屋・太田垣・田公・佐々木・塩冶の五人が馬を引いて細川氏へ礼に参上したとされる。『山科家礼記《やましなけらいき》』同九年十月二十七日条には、山科家領を返却する旨の垣屋豊遠奉書が太田垣新四郎・塩谷周防守・佐々木近江入道・田公肥後守《ひごのかみ》・塩谷四郎次郎に宛てて出されたことが記されている。

山名家宿老

以上から、垣屋・太田垣両氏を中核に塩冶・田公・佐々木氏を加えた五名がとくに山名氏被官人の主要メンバーであったことが読み取れる。いわゆる宿老《しゅくろう》と呼ばれる面々であったとみてよいであろう。彼らは多くが但馬に出自や本拠地を有する者たちである。俗に山名氏の四天王と呼びならわされるのは、垣屋・太田垣・八木・田結庄氏であるが、八木・田結庄両氏もまた但馬の領主である。宗全の活動は但馬の勢力に支えられていたものと考えられる。

守護代の変遷

彼ら山名氏の宿老層は、守護代などの役職を務めて守護山名氏による分国支配を分担して支えた。本国である但馬の場合、応永七年には、垣屋遠江《とおとうみ》守と太田垣通泰《みちやす》が守護代を務めていたようである。垣屋氏が但馬の北半分を、太田垣氏が南半分を管轄していたと推定されている。翌八年に山名氏が備後の守護職を獲得したとき、太田垣式部入道(通泰)と佐々木筑前入道が派遣された。両氏が備後の守護代となったものであろう。しかし、まもなく太田垣通泰は但馬の守護代に復帰したとみられ、代わって備後の守護代として活動が認められるようになるのは犬橋近江守満泰《みつやす》である。犬橋氏は長らく備後国守護代の地位を相伝《そうでん》していたようで、寛正二年五月の段階でも犬橋下野入道が備後の守護代であったことが確認される。

垣屋越前守

応永年間に山名満時が侍所所司《さむらいどころしょし》・山城国守護《やましろのくにしゅご》に任じられていた時、所司代および山城国守護代を務めたのは垣屋越前守《えちぜんのかみ》（熙忠《ひろただ》）であった。永享末年に宗全が侍所所司を務めた折にも、垣屋氏が所司代であったことが確認されるが、これは熙忠の子の越前守熙続《ひろつぐ》であろう。このように、垣屋氏の惣領家は代々越前守を称し、山名氏の筆頭家臣として大きな力を振るった。享徳三年、宗全が将軍義政に隠居を命じられて但馬に下向した折も垣屋越前守は宗全と一緒に但馬に下ったようで、山内泰通が宗全の安堵状を得るために但馬に出向いたとき、垣屋越州《えつしゅう》が取次《とりつぎ》の役を務めている（『山内首藤家文書』）。垣屋氏は山名氏当主に密着して活動していたのである。

播磨の支配

嘉吉の乱の後、山名氏が播磨を分国化すると、宗全は垣屋熙続・太田垣・犬橋の三人を守護代として送り込んだとされる（『播磨鑑』）。播磨の支配を中心的に担ったのは垣屋氏であったと思われ、熙続は自らの内衆である斎藤・河越《かわごえ》・野間《のま》氏らを在国させて支配にあたらせた。垣屋氏の被官人河越が郡代に任じられていたことが確認できるから（『斑《いか》鳩寺文書《るがでら》』)、彼らは郡単位に配置されて分国支配にあたったとみられる。熙続の死後も、その子宗忠が播磨の守護代となり、その後は息子の豊遠が継ぐというように、垣屋越前守家が播磨国守護代の職を相伝している。

守護代の役割

守護代である垣屋氏や太田垣氏は、守護山名氏から権限を委任されて分国内の諸勢力に直状《じきじょう》形式の文書を発給《はっきゅう》しており、彼らの文書が各種の権利を保証する効力をもった(渡邊大門「戦国期における山名氏権力と守護代」)。ただし、山名氏当主の発給文書は守護代の文書よりも優越していたようであり、守護代の役割は基本的に守護山名氏の権力を分国ごとに支えるという点にあったと思われる。

山名氏家臣団の構成

以上のように、山名氏の分国支配を担ったのは垣屋氏や太田垣氏など但馬に拠点をもつ被官人であり、備後や播磨の国人が守護代クラスに登用されることはなかった。山名氏は国人層に対して給分を与えながら組織化を進めていったが、権力の中心的な基盤は有力被官人の上に置かれていたのである。明徳の乱を境に垣屋・太田垣両氏を中核に被官人の組織を再構築して以来、両氏重用の姿勢は宗全の時代になっても変わっていない。山名氏家臣団の中枢部分はかなり固定的なものであったことがうかがわれよう。

荘園領主の動向

宗全が幕政における発言力を高め分国を拡大させていくにつれて、山名氏の被官人は数が増えていったと思われる。宗全は給分を付与し、知行権を一元的に保証する体制を確立して、分国内の領主たちを組織し従属させていくのである。領主たちの中には、守護被官人となることで荘園《しょうえん》の侵略をはかろうとする者もいた。山名氏の分国では被官人が荘園を押妨する動きがみられ、幕府はたびたび山名氏に命じてこれを取り締まらせようとしている。

山名氏被官となる動き

山名氏の被官人となる動きは、山名氏が守護職を務める分国だけでみられたわけではない。山名氏が幕政に大きな影響力をもっていたことから、京都周辺の荘園や武家領にも山名氏の従者が生まれている。『看聞日記《かんもんにっき》』応永二十四年五月四日条によれば、山城国伏見荘《ふしみのしょう》の沙汰人《さたにん》である禅啓《ぜんけい》は、備中守への任官を所望してなかなか実現しなかったが、山名氏を通じて念願をかなえることができたとされる。山名氏の社会的発言力が任官を可能にしたのである。こうして山名氏に接近した禅啓は、山名氏の家人として奉公するようになる。沙汰人は年貢上納などの任務を果たすために荘園領主から任命された村の有力者であり、当荘の領主である伏見宮は彼らに武家への奉公を禁じていた。ところが、禅啓らは「自然の時に合力のため私主を取るなり」と述べ、万一の事態に備えて武家との間に主従関係を結んだと主張するのである（『看聞日記』同二十七年十一月二日条）。

山名氏の家人となった禅啓は、山名氏から八幡警固の動員をうけている。この禅啓の養子となった御所侍《ごしょざむらい》の有長《ありなが》も、実父が山名氏の家人であったというから、山名氏の勢力が伏見荘に浸透し続けたものと思われる。

甲斐常治被官との喧嘩

文安四年三月、宗全の被官人と甲斐常治の被官人が洛中で喧嘩に及び、甲斐方が山名方に押し寄せる動きをみせるという事件が発生した。この事件は山名方より下手人を差し出して大事に至らなかったものの、被官人らが他家の被官や京都市中の者たちと紛争を起こすこともしばしばであった。なお、ここに出てくる甲斐常治は斯波《しば》氏の有力被官で、守護代として大きな権勢を振るい、常治の専横に反発する主人の斯波義敏《よしとし》を追い落とすなど、斯波氏の分裂を引き起こす原因を作った人物である。同元年、近江の守護六角持綱《ろっかくもちつな》が彼の無道を訴える被官人たちの一揆により自殺に追い込まれているように、室町幕府―守護体制が変質する中で、諸国の守護たちは国人・被官人の統制にそれぞれ腐心していかなければならなかったのである。

被官人同士の抗争

山名氏の被官人は、同僚の被官人と抗争することもあった。文安四年七月、播磨の美嚢郡守護代を務める斎藤若狭守《わかさのかみ》が、同僚の宗全被官人らと対立を深め、宗全から誅伐《ちゅうばつ》命令が出されたことを聞いて出奔している。斎藤若狭守は春日社領久留美荘の代官でありながら年貢の未進を重ね、管領の下知や守護宗全の下知がなされても年貢を進納せず、「一郡の政道、虎狼の如し」と言われて非難をうけていた人物である（『建内記』同年七月十八日条）。被官人の中には、守護山名氏が手を焼くほどの動きを示す者がいたのである。

宗全の指導力

とはいえ、山名氏の場合、ほかの守護家でみられたような深刻な内部対立や家臣団の反乱などは起きていない。これは、山名氏一門の総師として宗全の指導力が高く、国人統制や被官人支配も概ねうまく展開していたことを示していると考えられよう。

軍勢動員能力

山名氏は、但馬を中心に山陰・山陽にまたがる広い地域を一族で支配していたため、多くの兵力を動かすことができた。『満済准后日記』永享五年十一月二十七日条には、山門討伐に向かう山名勢の陣立《じんだて》が「目を驚かせおわんぬ、三百騎ばかりか、野臥《のぶせり》二、三千人なり、悉くもって美麗、申すばかり無し」と記されている。『師郷記《もろさとき》』享徳四年四月二十八日条には、播磨の赤松攻めのため出陣する山名氏の軍勢は、甲冑に身を固めた武者が約三百騎、歩率が数千人と書かれている。山名氏は軍事行動にあたって数百騎の武士たちを動かし、大きな合戦となれば「野臥」とか「歩率（卒）」と呼ばれた者たちを数千人規模で付き従えていたのである。

西軍のリーダーの条件

山名氏の軍勢は勇猛であり、応永の乱、嘉吉の乱をはじめ、諸国の戦乱において高い戦闘能力を発揮した。山名氏の軍勢が果たした功績は無視しえないものがあったがゆえに、しばしば室町幕府―守護体制の秩序を乱し、荘園制を破壊する動きをみせたにもかかわらず、幕府は山名氏の振る舞いに対し断固たる処置をとることができず、むしろその力に依存していかざるをえなかった。応仁の乱が勃発した時、宗全が西軍のリーダーとして活動する条件は軍事的にも備わっていたのである。

三　宗全の経済力

幕府財政

諸大名の中にあって、山名宗全とその一族は、細川勝元《かつもと》および同一族と並んで室町幕府の財政を支える中心的な存在でもあった。幕府財政は将軍家御料所《ごりょうしょ》から納められる収入のほか、土倉《どそう》・酒屋役、守護出銭《しゅごしゅっせん》、地頭御家人役、段銭《たんせん》や棟別銭《むなべちせん》、五山《ござん》寺院などからの貢納銭、そして貿易収入などに支えられていたとされる。このうち守護出銭は、諸国の守護が分担して費用をまかなう臨時課税で、各種の国家的行事、室町将軍の御所や寺社などの造営・修理、将軍家の祈禱・仏事料等、様々な用途にあてられた。守護出銭は守護の保有する分国の数を基準に、分国の大小は問題としないで進納するものであった。

永享三年の室町御所移転費負担

永享三年、室町御所の移転費用一万貫は、三、四ヵ国守護（七人）が千貫、一ヵ国守護（十五人）は二百貫を拠出することとされた。この時、千貫を出すこととされたのは、畠山《はたけやま》・細川・赤松・京極・山名・斯波・大内の諸氏である。翌年の会計決算によれば、山名氏を含む七人が千五百貫を進納し、一ヵ国守護は三百貫を納めたようである（この時、山名時熙が畠山修理《しゅり》とともに室町殿新造惣奉行《そうぶぎょう》となる）。このように、同じ守護でも、複数の分国を保有する七〜八名の守護と、一国のみ保有する守護とでは、負担すべき額に大きな差があったことが知られる。

長禄三年の仏事銭負担

長禄三年（一四五九）、足利義持の三十三年忌に際して二千貫文の仏事銭が必要となった時には、五百貫文を将軍義政が負担したのに対し、諸大名で最も多い百貫文を負担したのが管領家である細川・畠山・斯波氏と山名宗全であった。この他に山名相模守《さがみのかみ》（教之）が五十貫文、同兵部少輔《ひょうぶのしょう》（政清）と同七郎（豊氏《とようじ》）が各三十貫文、宗全の子息である弾正《だんじょう》少弼《しょうひつ》教豊・弾正忠是豊《だんじょうちゅうこれとよ》、そして次代房丸《じょふさまる》が各十貫文と、山名一族は全部で二百貫文を超える仏事銭を負担している。

文正元年の大嘗会負担

文正元年（一四六六）に行なわれた後土御門《ごつちみかど》天皇の大嘗会《だいじょうえ》では、必要経費を集めるために二十一人の守護に一国あたり百貫文を負担させてまかなう方式が採られた。最大の国家的行事である大嘗会の費用は、諸国に一国平均役《いっこくへいきんやく》として段銭を賦課するのが本来のやり方であったが、幕府は一国百貫の基準で段銭を守護請《しゅごうけ》させたのである。山名宗全は四ヵ国分（但馬・播磨・備後・伊賀）四百貫文を負担したとみられ、これは細川勝元・京極持清《もちきよ》とならんで最高額であった。一族の教之が負担した二ヵ国分（伯耆・備前）、政清の二ヵ国分（石見・美作）、豊氏の一ヵ国分（因幡）とあわせると計九ヵ国分となり、これは細川一族の負担分をわずかに上回って全体の四分の一に近い額である。宗全の幕政における政治力の背景には、こうした山名氏の経済的負担の大きさがあったと思われる。

山名氏の経済基盤

山名氏の経済基盤は、何といっても数多くの分国を保持していたことに求められよう。本国但馬を中核としながら、因幡・伯耆や備後・安芸を一族で確保し、嘉吉の乱後には大国播磨をはじめ備前・美作まで手に入れて、山陰・山陽道一帯に広大な支配領域を形成した。分国内には守護領や一族・被官人の所領が存在したほか、守護請・代官請を通じて、あるいは違乱・押領によって山名氏の経済基盤に組み込まれる土地も少なくなかった。

備後太田荘

備後の太田荘《おおたのしょう》の場合は応永九年に守護請となり、山名氏が毎年千石の年貢を高野山に寺納するという契約がなされている。それまでの年貢高は千八百石であったから、山名氏は年貢の四割余りを自らの収益とすることができたわけである。しかも、実際には寺納すべき年貢も未進となることが多く、永享十一年には未進年貢の総計は二万石以上に達したとされる。

各種租税の賦課

これに加えて、山名氏は段銭や棟別銭、守護役など、各種の租税を分国に賦課して収入を得ていた。永享四年の史料によれば、山名氏が備後国人の本領と給分の貫高《かんだか》（年貢高）を把握し、それに応じて二十分の一と十分の一という割合で役銭を賦課していたことが知られる（『山内首藤家文書』）。山名氏は検地《けんち》によって本領の年貢高を把握していたようであり、ここに戦国期の貫高制へつながる先駆的な知行政策を見出す見解もある（岸田裕之『大名領国の構成的展開』）。また、山名氏が分国内の寺社本所領を保証する代わりに礼銭・礼物を受領することもたびたびであった。以上のように、山名氏は分国支配を通じて莫大な利益を得ていたのである。

遣明船への出資

この他に注目すべきものに、物流や貿易に関連した山名氏の経済活動がある。永享四年、足利義教の手で勘合貿易《かんごうぼうえき》が再開された時、兵庫を出港した五隻の遣明船は、一号船が将軍家、二号船が相国寺、三号船が山名、四号船は赤松・細川・畠山・斯波・醍醐寺《だいごじ》三宝院満済《さんぼういんまんさい》ら十三人の乗り合い船、五号船は三十三間堂《さんじゆうさんげんどう》の船であったという。山名氏は単独で遣明船《けんみんせん》の出資者となれるほどに、財力が豊かであったことが分かる。なお、この時の遣明船で将軍家から輸出されるはずであった硫黄《いおう》二十万斤のうち、五万斤が山名方に渡ったとする嫌疑がかかっている。山名氏はこれを否定しているが、硫黄貿易に山名氏が関与していたことをうかがわせる。

勘合貿易への関与

永享六年に出港した第十次遣明船でも、山名氏は三宝院満済と共同で四号船（小泉《こいずみ》丸《まる》）を発遣している。当時、日本から明に輸出された主要品目は硫黄・太刀《たち》・金などであり、「一物ニテ十倍・廿倍ニ成事モ在之」と記されている（『大乗院寺社雑事記』文明十五年正月二十四日条）。貿易による利益は莫大なものだったのである。宝徳三年（一四五一）に出港した第十一次遣明船以降は、山名氏が船を仕立てるということはなくなる。しかし、応仁二年の『戊子入明記《ぼしにゆうみんき》』には、太刀・扇・金・硫黄など輸出物を書き上げた中で、赤銅《しやくどう》については但馬・美作・備中・備後の四国に命じて備後の尾道から出させたことが記されている。中国山地から産出する銅が貿易品として輸出されるにあたって、山名氏が深く関わっていたことが予想されよう。

瀬戸内東部の水運拠点

室町時代の瀬戸内海水運を知る上で、第一級の史料として著名な『兵庫北関入船納《ひようごきたせきいりふねのう》帳《ちょう》』は、文安二年から翌年にかけて東大寺《とうだいじ》領の兵庫北関に入港した船を書き留めたものである。この『入船納帳』によれば、多くの船舶が山名氏の分国から兵庫へ入港していたことが知られる。国別で最も多くの港湾の名が認められるのは播磨で、室《むろ》の船八十二艘、網干《あぼし》の船六十四艘をはじめ、播磨にある二十一港の船三百十七艘が兵庫北関に入っている。六十一艘を数える尾道の船、六十八艘の瀬戸田《せとだ》の船など、同じく宗全が守護を務める備後や安芸からの船舶も少なくない。一族の分国である備前からも、牛窓《うしまど》の船百三十三艘をはじめ、二百四十六艘の船が入港している。山名氏は嘉吉の乱で赤松氏から播磨・備前などを奪い取ったことにより、瀬戸内東部に所在する水運の拠点を数多く掌握することができたのである。

播磨船減少の理由

なお『入船納帳』からは、文安二年の前半期における播磨船の少なさが目につく。これについて今谷明氏は、『広峰《ひろみね》神社記録』に見える「文安元年ハ国中乱レ候テ皆無、二年ノ春ノ分ハ納マラズ、秋ノ分ダケ二十五貫納マル」という記事から、宗全が赤松氏との戦乱の中で播磨の寺社本所領年貢半作《はんさく》を押領したことを指摘した上で、播磨船の少なさは宗全による海岸線の封鎖に起因すると推測している（「瀬戸内制海権の推移と入船納帳」）。

藁江港の船

また、『入船納帳』に見える備後の藁江《わらえ》港の船にはすべて「国料《こくりょう》」または「山名殿国料」と記されている。国料船とは山名氏や細川氏がその在京用途に充てる船舶と考えられており、藁江が山名氏直属の国料船専用の港であったことを物語っている（小林保夫「『国料』管見」）。『戊子入明記』で遣明船に転用すべき船として名前の見える「尾道住吉《すみよし》丸《まる》」についても、「備後国国料」と記載されており、山名氏と関係の深い船であったことが知られる。備後国太田荘の年貢は尾道から積み出されて高野山に送られていたが、当時は山名氏が守護請を行なっており、住吉丸もその年貢輸送を担っていたことが確かめられる。

山名氏の軍事・経済力

以上のように、山名氏の在京経費や政治活動・軍事行動などは、支配下の分国から上がる莫大な収益に支えられていた。山名氏の活動は、しばしば室町幕府―守護体制の秩序からはみ出し、荘園制を破壊する傾向を強めて、将軍家と対立する事態も深まったが、幕府がそれでも山名氏を体制の中に組み込んでいかざるをえなかったのは、山名氏のもつ強大な軍事力と経済力が諸大名を圧倒し、大きな政治的発言力を可能にしていたためであったと考えられる。

第六　応仁の乱と山名宗全

一　守護権力の分裂と宗全の関与

宗全の帰京

享徳《きょうとく》三年（一四五四）以来、上意に背いて隠居を命じられ但馬《たじま》に謹慎していた山名宗全は、長禄《ちょうろく》二年（一四五八）八月九日、将軍義政《よしまさ》の許しを得て約四年ぶりに京都に戻った。室町幕府―守護《しゅご》体制に復帰を果たした宗全は、その後、京都を離れていたブランクを乗り越えて、細川勝元《かつもと》に対抗しうる実力者として発言力を高めていった。そして、諸国の大名と提携を強め、九年後の応仁《おうにん》の乱においては西軍のリーダーとして戦闘を指揮していくことになる。ここでは応仁の乱の要因を探りながら、宗全の果たした役割について考えていくことにしよう。

応仁の乱が起きた要因

応仁の乱が起きた理由については、これまで色々な説明が加えられてきた。注意しなければならないのは、一つの事件や戦乱が起きるにあたっては、様々な要素が複雑に絡み合っているのが一般的であり、要因を一つだけに絞り込もうとする態度は正しくないということである。また逆に、あれもこれもと要因を並べ立てるだけでも十分とはいえない。様々な要素が相互にどのように連関しているかを探りながら、それらの中で最も根源的・本質的な要因がどこに存在するかを考えていくことが、戦乱の意味を見極める上で重要だと思われる。

守護家の家督争い

応仁の乱の要因として、しばしば取り上げられるのは、第一に守護家の家督《かとく》争い、とりわけ斯波《しば》氏と畠山《はたけやま》氏の家督相続をめぐる争いである。嘉吉《かきつ》の乱以後、守護家の家督が将軍の上意の認定により決定される仕組みが崩れたことに伴って、上意の支えを失った守護権力は不安定性を高めていった。十五世紀の半ば、守護家の家督相続をめぐる争いが諸国で頻発し、一族が分裂する動きが広がっていく。紛争が激しくなる中で、将軍家や他の守護家と提携をはかったり、有力な国人《こくじん》・被官人《ひかんにん》らに依存して、事態を自派に有利な展開にもち込もうとする動きが強まる。その結果、守護家の内紛に外部勢力が介入し、国人・被官人の発言力が高まるなど、いよいよ混乱は深まっていくのである。

管領家の分裂

中でも管領家《かんれいけ》である斯波氏と畠山氏の分裂は、幕政に大きな混乱をもたらした。斯波氏においては、当主の義健《よしたけ》が死去した後、一族の斯波持種《もちたね》の子義敏《よしとし》が家督の地位につい

足利義政画像（東京国立博物館所蔵）

ていたが、宿老であり越前国《えちぜんのくに》守護代であった甲斐常治《かいじょうち》が発言力を高めて、将軍義政と直接結びつくことにより権勢を振るった。やがて義敏方と甲斐方との対立が深まり、越前国内で戦闘に及んだ。長禄三年（一四五九）、合戦に敗れた義敏は家督から退けられて周防《すおう》大内《おおうち》氏のもとに身を寄せた。『碧山日録《へきざんにちろく》』同年五月二十六日条には、「武衛《ぶえい》は国家の宗臣なり、しかるに此の乱あり、禍おそらく国家に及ばん」とある。甲斐氏らは寛正《かんしょう》二年（一四六一）に、斯波氏の新当主となる義廉《よしかど》を足利一門の渋川《しぶかわ》氏から迎えている。

斯波氏の内紛

その後、義敏が義政の赦免を得るため、政《まん》所《どころ》執事《しつじ》の伊勢《いせ》貞親《さだちか》や蔭涼軒主《いんりょうけんしゅ》の季瓊真蘂《きけいしんずい》に接近したのに対し、義廉は山名宗全の娘婿となり諸大名の支持を得ようとはかった。文正元年（一四六六）、義敏は幕府に出仕することを許され、越前・遠江《とおとうみ》・尾張《おわり》の守護職も彼に与えられた。義政は諸大名に義廉を退けて義敏に合力するように指令し、宗全に対しては義廉との姻戚関係を解消して絶交することを命じた。これに怒った宗全は、被官人らの制止にもかかわらず、義廉とともに切腹に及ぶ決意を示して義政の措置に徹底抗戦する構えをみせ、諸大名も義廉を支持する態度を示したという。諸大名の軍勢が分国《ぶんこく》から京都に集められ、緊張が高まった。しかし、まもなく文正の政変により伊勢貞親らが失脚し、義敏も京都から没落してしまうことになる。宗全の支持を得て地位を回復した義廉は、翌年正月には細川党の畠山政長《まさなが》に代わって管領《かんれい》に就任した。応仁の乱が勃発すると、義廉は西軍方（山名党）の大名として、義敏の属す東軍方と戦いを交えていくことになる。『応仁略記』は「当年大乱のあたり現起する事、大名列して訴状を調《ととの》へ、武衛方の儀を執挙げて公方様へ歎き申より起れり」と記し、斯波氏の内紛が大乱の原因と述べている。

畠山氏の家督紛争

一方、嘉吉の乱後、細川氏と並んで幕政を主導してきた畠山氏においても、享徳三年四月に家督紛争が表面化した。畠山持国《もちくに》の子義就《よしひろ》の家督相続に反発する被官人らが一揆して義就に背き、管領細川勝元や山名宗全の援助をうけて畠山弥三郎《やさぶろう》の擁立をはかったのである。しかし、義就方の襲撃により弥三郎は行方をくらまし、被官人らは細川氏や山名氏のもとにかくまわれた。持国・義就父子は、弥三郎討伐の御教書《みぎょうしょ》を申請し、将軍家と結んで家督の確定をはかったが、八月になると弥三郎方が優勢となり、義就は「公方《くぼう》の御扶持《ふち》かなわず」、京都から没落を余儀なくされた（『師郷記《もろさとき》』同年八月二十三日条）。年末の十二月を迎えると再び形勢は逆転し、義就が「内々上意を伺い」河内より上洛を果たし、弥三郎を追って家督に返り咲いている（『康富記《やすとみき》』同年十二月十三日条）。

反畠山持国・義就の動きを支持

山名宗全が細川氏と婚姻関係を通じて結びつきを強め、山名氏の排除を策す畠山持国らに対抗したことから知られるように、この時期の宗全は、両管領家のうち細川氏に近い立場をとっていた。畠山氏の家督紛争においても、宗全は細川勝元《かつもと》とともに反持国・義就父子の動きを支持する態度をとり、将軍義政の怒りをかっている。

両畠山の対立の激化

翌享徳四年になると、三月に畠山持国が没する中で両畠山氏の対立は一層深まり、義就と弥三郎が河内《かわち》国内で軍事衝突に及ぶことになる。合戦は紀伊《きい》や大和《やまと》にも広がりをみせたが、義就は弥三郎を敗走させて京都に凱旋を遂げた。ところが、長禄三年になると、将軍義政は管領細川勝元の勧めにより弥三郎の赦免に踏み切った（『碧山日録』同年十月九日条によれば、弥三郎は義政に召し出されて「政久」の諱《いみな》を拝領したという）。翌年九月、義政は義就に隠居を命じ、これに反発する義就は兵を率いて河内に下向した。これ以前に弥三郎が死去していたため、その弟である政長が畠山氏の新たな当主となった。義就は河内の嶽山《たけやま》に籠城して幕府に抵抗する姿勢を崩さず、この城で二年半にわたり幕府軍の攻撃に対して抗戦を続けた。しかし、寛正四年（一四六三）四月、義就は嶽山から落ち延びて紀州《きしゅう》に逃れ、まもなく吉野に入っている。一方の政長は、翌五年十一月に幕府の管領に就任し、細川勝元との結びつきを強めていくのである。

畠山義就の上洛

その後、文正元年八月になって、畠山義就は吉野から出て壺坂寺《つぼさかでら》に移った。翌九月初めに河内まで進攻した義就は、政長勢を撃退し、年末には将軍義政の許しを得ることなく、山名宗全の手引きにより河内より上洛を果たした。『応仁記』によれば、義就が嶽山の合戦で示した勇猛ぶりに目をつけた宗全は、義就を取り立てることで勝元の一味である政長を追い落とし、ついでに勝元を滅ぼそうと策したのであるという。翌二年（応仁元年）は、京都市中の緊張が高まる中で年を明けた。こうして、畠山氏の内紛は、大乱に火をつける直接的な引き金となるのである。

家督争いへの介入

以上に述べたとおり、管領家である斯波・畠山氏などの分裂・抗争は、いずれも家督をめぐる争いに端を発したものであったが、注意すべき点は、そこに細川・山名両氏の動きが深く絡んでいたことである。さらに、将軍家の上意による介入や一方への肩入れが分裂を生む大きな要因でもあった。

室町幕府―守護体制からの離脱

斯波義敏や畠山義就以外にも、一四五〇年代から六〇年代にかけて、室町幕府―守護体制から離脱する守護が続出している。伊予《いよ》の河野通春《こうのみちはる》は寛正五年に細川勝元に背いて幕府から追討命令をうけ、周防の大内教弘《のりひろ》は斯波義敏を支援して幕府と対立を深めたのち、同六年になると上意に背いて河野通春の救援に踏み切っている。ただし、幕府―守護体制から脱落した人々は、いつまでも離脱したままではいない。諸大名の結合を背景としながら、機会を捉えて上意赦免を請い、体制復帰をはかる動きが繰り返されている。そうなると、将軍家がどのような態度をみせるかが重要な要素となっていくのである。

二　足利義政の政治と将軍家の継嗣争い

『応仁記』の説く乱の起源

『応仁記』は応仁の乱の起源を論じて、義政が「天下の成敗」を管領に任せることなく、理非《りひ》も政道の何たるかも弁《わきま》えない妻富子《とみこ》をはじめとする女性たちの政治介入を招いたり、伊勢貞親や蔭涼軒主季瓊真蘂ら将軍の側近勢力だけと評定《ひょうじょう》したりしたことを、幕政混乱の原因に挙げている。義政に定見がなかったために、応仁の乱が起きたとするのである。同じ『応仁記』には、伊勢貞親に新造《しんぞう》という寵愛をうけた女性がおり、彼女と斯波義敏の妾が兄弟であったことから、義敏は内縁を頼って貞親を味方につけたとされている。『大乗院寺社雑事記《だいじょういんじしゃぞうじき》』文明四年（一四七二）八月五日条にも、「伊勢守の新造去年入滅す云々。天下大乱根元の一方の女房なり」とあり、義政の側近伊勢氏や女房たちが大乱勃発の責任の一端を負う者たちとする認識が存在していたことが分かる。

不安定な義政の政治

確かに、義政の政治は周囲や自身の利害に引きずられがちであり、赦免を求める働きかけに応じて上意を変転させるなど、誠に不安定なものであった。対立し合う勢力の双方に権利を保証する文書を与えて混乱を増幅させる事例もみられた。『大乗院寺社雑事記』応仁元年（一四六七）十二月二日条では、義政や近臣が礼物《れいもつ》を受け取るたび、成敗が変転して定まらないことに乱の淵源を求めている。文明二年六月十三日条にも、「近来の御成道の如くんば、始終御運は心元なきものか、殊更近臣に不道の輩済々参り候、猶もって正体あるべからず」とあり、将軍のまわりを問題の多い近臣が取り巻いていたことが述べられている。

伊勢貞親

当時、義政の政治に大きな影響力をもっていたのが、幕府の政所執事を務める伊勢貞親であった。義政を支えて上意の再建をはかる貞親は、斯波義敏・畠山義就・大内政弘《まさひろ》ら、細川・山名主導の幕政から離脱した人々を赦免することで将軍家の統制力を回復しようと画策した。しかし、文正元年、斯波義廉を退けて義敏を家督につけようとする上意が打ち出されたのに対して、諸大名は一揆《いっき》評定して抵抗する構えをみせた。中でも義廉を娘婿とする契約を進めていた山名宗全は義政の措置に怒り、「いかに上意たりと雖《いえど》も、我もともに義廉が館《たち》へ入て、上使を相待ち合戦あるべき」と述べたという（『応仁記』）。「今のごとくば義敏に御判《ごはん》を給うと雖も、上意に任すべからず」（『大乗院寺社雑事記』同年七月二十八日条）とされる中で、伊勢貞親や季瓊真蘂らが失脚する文正の政変が起きる。これで義政による上意再建の動きは頓挫をきたすことになる。

幕府の構造的問題

ただし、当時の情勢を考えた時、『応仁記』のようにすべての責を義政に負わせるのは酷というものであろう。義政が将軍として政治に臨もうとする以前に、すでに将軍権力は諸大名を統制する力を大きく削減されており、両管領家を頂点とする諸大名の結合が形成されて幕政を左右する状況が生まれていた。そのような中で義政が権力を行使しようとすれば、妻富子や側近勢力を頼りにするしかなかったであろう。義政の無能さというような個人的な理由に大乱の原因を求めるのではなく、より構造的に読み解いていくことが必要である。

将軍継嗣問題

さて、応仁の乱の原因の一つに挙げられるのが、将軍職の跡継ぎをめぐる確執である。将軍の義政はなかなか跡継ぎとなる男子に恵まれず、寛正四年七月に妻日野富子が出産したのも女子であった。『経覚《きょうがく》私《し》要鈔《ようしょう》』同年七月二十日条には、女子はすでに四、五人もいるのに若公が出生しないというのは「天下の遺恨」であると述べられている。翌五年十一月、義政は政治に興味を失って隠居しようとはかり、弟である浄土《じょうど》寺《じ》義尋《ぎじん》を自らの後継者に定めた。義尋は翌十二月に還俗して名を義視《よしみ》と改めた。ところが、一年後の同六年十一月に富子が男子（のちの義尚《よしひさ》）を出産したことによって、義視の立場はたちまち不安定となった。

日野富子の依頼

富子は義視を廃して自身の生んだ義尚を跡継ぎとするため、有力大名の協力を得ようとした。『応仁記』によれば、富子は「威勢無双」と思われた山名宗全に目をつけ、義尚のことを頼む文を宗全に送ったとされている。これを受け取った宗全は、義視の後見人である細川勝元が父親のような態度で権勢をふるうのを見て、義視の将軍職就任を阻止するため、富子の依頼に協力を約束したという。

文正の政変

文正元年九月、斯波氏の家督をめぐって緊張が高まる中で、義視を殺害しようとする計画が発覚し、義視は細川勝元の屋敷に逃げ込んだ。義視は自身には罪がないことを主張し、陰謀を企てた伊勢貞親らを幕政から退けるように訴えた。こうして、富子に近い貞親や季瓊真蘂らが失脚している。これが文正の政変と呼ばれる事件である。貞親の不義の子細を訴える申状《もうしじょう》が提出され、貞親に切腹が命じられたという。貞親や真蘂らは近江《おうみ》に落ち延び、赤松政則《まさのり》・斯波義敏らも京都から去った。『大乗院寺社雑事記』の九月十三日条に「近日の京都の様、一向に諸大名これを相計らう、公方は御見所なり、今《いま》出河殿《でがわどの》また諸事仰せ計らわると云々、公方の儀は正体なしと云々、もっての外の事なり、行く末心元なきものなり」と記されているように、公方すなわち将軍義政が事態を傍観するだけで無力ぶりをさらけ出したのに対し、諸大名と今出川殿（義視）が京都の政治を動かすという構図が明確になった。

日野と山名の提携強化

この後、義視が細川勝元に支えられて将軍職を得ようとしたのに対し、義尚を跡継ぎにと望む日野富子や兄の日野勝光らは、細川氏のライバルである山名宗全との提携を強めていった。このようにして、将軍家も大名間の対立構造に巻き込まれ、やがて分裂に向かうのである。

三　細川勝元と山名宗全の対立

細川勝元と山名宗全

守護家の家督争い、将軍職の継嗣争いと並んで、応仁の乱の要因として挙げられるのが、細川勝元と山名宗全という二大大名による権力争いとする見方である。これは、嘉吉の乱以降の室町幕府―守護体制の変質という事態と大いに関係がある。

細川氏との協力関係

すでに述べたように、嘉吉の乱以後、赤松氏の分国を併合して勢力を拡大した山名氏は、細川氏に対抗しうる力を獲得するようになる。勝元と宗全は婿と舅という関係で結びつき、畠山義就の追い落としを仕掛けるなど、当初は歩調を合わせて活動していた。管領家である斯波・畠山両氏が相次いで分裂し、その力を弱体化させたことによって、幕政の主導権は両者の手に握られていくのである。

家格の序列

細川氏が足利一門の有力守護家として斯波・畠山氏とともに管領を務める家柄であったのに対し、新田《にった》氏の庶流《しょりゅう》である山名氏の家格《かかく》はこれに及ばない。宗全が幕政で発言力を高めていく寛正年間においても、山名氏は家格の序列としては三管領家に次ぐ地位にとどまった。『臥雲日件録《がうんにっけんろく》』寛正元年閏《うるう》九月十六日条には、「武衛・畠山・細川三家

細川勝元木像（竜安寺所蔵）

を三職《さんしき》と謂い、なお三足鉄輪のごとし、いま武衛・畠山皆亡ぶ、此の次ぎは細川の御番なり」と記されている。斯波・畠山・細川氏を「三職」とした上で（『大乗院寺社雑事記』では、「三管領」と記される）、今や斯波・畠山氏が滅びていく時代を迎えて、次は細川氏が滅びる番だというのである。

細川・山名主導体制

自ら管領になれない山名氏にとって、管領家である斯波・畠山氏の分裂・衰退は都合のよいものであったであろう。宗全が細川勝元とともに家督継承に介入して、畠山氏を分裂に追い込む役割を演じたことはすでに述べた。その結果、幕政の運営は細川氏と畠山氏が主導する形から、畠山氏を追い落とした細川氏と山名氏が主導する形へと構図が転換した。宗全は娘婿である勝元との提携を深め、中央政界において揺るぎない地位を築き上げていった。諸国の守護が分裂し勢力を削減していく中で、細川氏と山名氏は、それぞれ一族の結集をはかるとともに、諸大名のリーダーとして政局を動かしていくのである。

提携から敵対へ

しかし、宗全と勝元の関係は、同盟者・パートナーという側面と同時に、対抗する競争相手という側面ももっており、次第に敵対し合う様相を呈するようになる。両者の提携関係にヒビをもたらしたのが、赤松氏の動きである。嘉吉の乱後、旧赤松氏分国が山名氏の分国となって以後も、赤松氏の残党はしばしば蜂起し、主家再興をねらう動きが続いていた。すでに述べたように、享徳三年から翌年にかけて、赤松氏の一族が播磨を制圧する勢いを示したが、山名氏の軍勢に鎮圧されている。

赤松氏の再興

長禄二年、宗全が謹慎を解かれて但馬から帰京した。これは赤松氏の残党が後南朝《ごなんちょう》に奪われていた神璽《しんじ》を取り戻したことに伴う恩赦である（『兵庫県史』第三巻）とも、赤松氏の再興を円滑に進めるため、将軍義政と管領勝元が山名氏に対して打った懐柔策である（桜井英治『室町人の精神』）とも説かれている。同じ年に、赤松次郎法師が義政から家督を許され、悲願であった赤松氏の再興を実現するのである。これをバックアップしたのが勝元で、細川氏に敵対する富樫成春《とがししげはる》から加賀北半国《かがきたはんごく》の守護職《しゅごしき》を取り上げて赤松次郎法師に与えている。赤松氏は備前《びぜん》の新田荘三ヵ保（三石《みついし》・藤野《ふじの》・吉永《よしなが》）も与えられたが、備前

日野富子木像（宝鏡寺所蔵）

の守護山名教之《のりゆき》は赤松氏の復権に反発し、赤松方の入部《にゅうぶ》を妨害している。赤松次郎法師は寛正六年十二月に元服して政則《まさのり》と名乗り、細川勝元と提携を強めながら山名氏との対立を深めていくのである。

播磨国内の赤松牢人

寛正六年六月十二日、幕府は播磨《はりま》の寺社本所領に隠れていた赤松氏の牢人を追い出すように公布することを宗全に命じている。多くの寺社領に赤松牢人がかくまわれており、赤松氏による播磨支配復活を目指してひそんでいたのである。まもなく応仁の乱が起きると、赤松氏残党が播磨で蜂起して山名氏への抵抗が一気に表面化することになる。

手切れの理由

『応仁記』によれば、将軍家の家督を義尚に継がせたいとする日野富子の文を受け取った宗全は、「勝元、我等ガ聟ニテ有ナガラ、入道ガ敵ノ赤松次郎法師ヲ取立ル条、無念ノ次第也」と考えて、富子の依頼に応える覚悟を固めたとされる。そして、義尚を守るとともに、畠山義就を取り立てて同政長を追い、細川勝元が政長に味方をすれば、これを同罪とみなして赤松氏に一味する勢力を一挙に打倒しようとしたというのである。宗全にとって、とりわけ自らの敵である赤松氏を庇護していることへの怒りが、娘婿の勝元と手を切る決意をさせたことが読み取れる。

『応仁記』の虚構

なお、家永遵嗣氏は、富子が宗全に義尚の庇護を頼んだとする『応仁記』の記述をまったくの虚構だと断じている（家永遵嗣「軍記『応仁記』と応仁の乱」）。応仁の乱が始まると、富子が義政や義尚とともに勝元と結ぶのに対し、宗全は義視を擁立しており、歴史の現実は『応仁記』が述べるのとは正反対の展開をたどったとするのである。家永氏の指摘は、『応仁記』という軍記物語に安易に依拠する見方に注意を喚起するものとして重要である。

義視の動向

しかし、前述のとおり、文正元年に義視殺害の計画が発覚すると、義視は勝元の屋敷に逃げ込んでおり、文正の政変時には義視は細川亭で勝元に密着して活動していた。また、後述するように、応仁元年五月に東軍が義政・義視・義尚のいた室町御所を制圧すると、義視は勝元に支えられて東軍の大将となり、宗全討伐を命じる立場に立った。将軍家の人々が東軍側に取り込まれたことにより、宗全は擁立すべき存在を失ったのである。ところがまもなく、義視は富子や伊勢貞親らと対立を深め、八月に京都から逐電することになる。義視が宗全に接近し、やがて西軍に転じるのは翌年末の出来事である。したがって、大乱勃発前後の義視が勝元に近く、これに対抗する必要上、富子が宗全に協力を依頼したとする『応仁記』の伝える構図が成り立つ可能性は十分にある。その後の政治的変化が、当初の構図からの「ねじれ」を生んだと解釈できるのである。富子と宗全の提携を伝える『応仁記』の記述がまったくの虚構と断じられるかどうかは、なお検討の余地が残されているように思われる。

文正の政変後の政局

さて、文正の政変は、伊勢貞親や季瓊真蘂、斯波義敏らが京都から追放されるという幕政を揺るがす大事件であったが、将軍義政が何もできないまま、諸大名と足利義視が幕政を運営していることを天下に明らかにするものであった。『大乗院寺社雑事記』文正元年九月十三日条には、「ことさら山名・細川両人、大名頭として相計らうと云々、今出川殿は細川屋形に御座す、奉行以下参じ申すと云々」とあり、とくに山名宗全と細川勝元の両人が「大名頭」として幕政の主導権を握ったこと、義視のいる細川亭に幕府の奉行人が参上したことが記されている。

内紛の収斂

こうして、足利将軍家や諸国の守護家の内紛は、山名・細川両氏を「大名頭」とする抗争に収斂されていくようになる。将軍家にしても守護家にしても、それぞれが抱える矛盾を解消するためには、細川方と山名方のいずれかにつき、双方の軍事力行使によってしか決着がつかない状況に陥っていった。ここに、応仁の乱が勃発した理由がある。

応仁の乱の本質

以上のことからすれば、応仁の乱の本質は、利害を共通にする勢力が山名宗全・細川勝元の両人を「大将」とする形で結束を固め、この二系列の守護家グループが将軍家の後継争いを巻き込む形でぶつかり合ったところに求められるべきであろう。斯波・畠山の両管領家などは二人の家督候補者が並び立ち、それぞれ自らの家督認定を求めて将軍家や諸大名に働きかけた。その結果が文正の政変であり、応仁の乱であった。文正の政変では、斯波氏の一派が伊勢氏を介して将軍家と結び、もう一派が宗全や勝元など諸大名と提携して対抗した結果、後者が優位に立つことができた。しかし、応仁の乱においては、畠山氏の一派が宗全に、他の一派が勝元につながったことによって、天下を二分する大乱に発展したのである。

守護家二派の覇権争い

このようにみていくと、斯波氏や畠山氏の内紛が応仁の乱の導火線となったことは確かであるが、将軍家の意向（上意）よりも諸大名の力が優越し、しかも諸大名が大きく二つに分かれて覇権を争ったところに応仁の乱の根本原因があったと考えられる。これは、嘉吉の乱以降、室町幕府―守護体制のあり方が変質して、上意のもとに諸大名が結集する構造が崩れ、守護家の家督候補者が複数並び立つという状況が展開し、有力大名のもとに諸大名の系列化が進行していったことの帰結である。義政や伊勢貞親らによる上意再建の動きも空しく、もはや守護家グループどうしの武力衝突でしか、問題は解決できない状況に直面していたのである。

四　東西両軍の衝突

畠山義就の上洛

文正元年の末、家督への復帰を目指す畠山義就は、将軍義政の許しを得ないまま、山名宗全の手引きで河内より上洛を果たした。義就は千本地蔵院《せんぼんじぞういん》を宿所とし、山名宗全や斯波義廉らがこれに合力する姿勢を示したのに対し、細川勝元をはじめ細川党の面々は管領を務めていた畠山政長を支持する構えをみせた。翌二年（三月に改元して応仁元年となる）は、このようにして京都市中の緊張が高まる中で年が明けたのである。

将軍家の義就支持

正月二日、将軍足利義政は恒例の管領亭への御成《おなり》を中止する一方、義就の出仕を許して対面を行なった。五日には、義就が宗全の屋敷を借用して御成の用意を整え、招きに応じて義政・義視らが宗全亭を訪れた。このようにして、将軍家の義就支持の態度が明確となり、政長は屋形を明け渡すように命じられている。義政の支持を失った政長に代わって、山名氏の推す斯波義廉が管領職に就任した。宗全は一味の大名を率いて義政のいた室町御所（花の御所）を取り囲み、政長の屋形引き渡しと勝元による政長合力の停止を実現するよう申し入れたという（『応仁記』）。宗全らは室町御所の警備を固めるとともに、後《ご》土御門《つちみかど》天皇・後花園《ごはなぞの》上皇や足利義視らを室町御所に迎えて、細川党が将軍家や天皇家に接触しようとする動きを断ち切った。

御霊神社

上御霊の森の戦い

同月十七日の夜、面目を失った畠山政長は屋形を自焼して上《かみ》御《ご》霊社《りょうしゃ》に陣取り、義就との決戦に備えた。将軍義政は両畠山勢の衝突を前にして山名・細川らが加勢しないように求めた。翌十八日、義就勢が上御霊社に押し寄せて、両畠山氏の戦闘の火ぶたが切られた。上御霊の森の戦いは義就方の勝利に終わり、立て籠っていた政長は敗走を余儀なくされた。政長は成身《じょうしん》院光宣《いんこうせん》の計略により、細川屋形に隠しおかれたとされる。政長の没落によって、山名宗全と畠山義就が幕政の主導権を掌握するところとなった。

京都周辺の不穏な動向

しかし、山名党と細川党の対立は両畠山氏の衝突で収まることはなかった。応仁元年三月には、山名相模守《さがみのかみ》教之の被官人《ひかんにん》が細川讃岐守《さぬきのかみ》成之《しげゆき》の内者を殺害するという事件が生じたり、備後の国人金沢が上洛の途中で殺害されて、山名方が細川方に攻め寄せる支度をするなど、京都周辺では不穏な動きが続いていた。同年五月になると、細川党の赤松氏の軍勢が山名氏の分国である播磨や備前に乱入し、戦乱はいよいよ全国的な広がりをもって展開する様相を示し始めた。

大乱勃発の気配

『経覚私要鈔』応仁元年五月十四日条には、近日、畠山政長が再び幕府に出仕する見込みで、合戦は不可避の情勢であることが記されている。また十六日には細川氏の被官である摂津《せっつ》の池田氏が軍勢を率いて上洛するなど、京都市中には大乱勃発の気配がただよい、細川方が山名方を攻撃するという風聞が流れた。山名宗全・畠山義就・斯波義廉・土岐《とき》成頼《しげより》・一色《いっしき》義直《よしなお》の五人は、室町殿に近い一色屋形において対応を協議した。同月二十日にも、宗全・義就・義直・山名政清らが管領義廉のもとに集まり談合を行なっている。『大乗院日記目録』同月二十五日条に「諸大名、両方ニ相分かるものなり」とあるように、諸大名は細川氏に同心する「東方」と、山名氏に与する「西方」の二つに分かれて京都市中で対峙することになった。山名宗全は但馬・因幡《いなば》・美作《みまさか》・播磨など分国の軍勢に上洛を命じるとともに、西国の大内氏らにも出兵を求めた。管領斯波義廉・土岐・一色氏らの軍勢も宗全と義就の側に集結した。

細川方の本拠

五月二十六日の朝、細川方の武田信賢《のぶかた》勢が山名方の一色義直の屋形を攻撃したことにより、両軍の全面戦争に突入した。襲撃をうけた義直は、室町御所に近い場所にあった屋形を捨てて西方の宗全亭に逃げ込んだため、室町御所一帯は細川党の軍勢が占拠することになった。この日の戦闘は一条大宮を中心に行なわれ、その後も連日のように所々で戦闘が繰り広げられて、三十日には山名氏の一族であり美作・石見の守護である政清の屋形も焼けたという。戦乱の被害をうけたのは守護屋形や武士の屋敷だけではない。公家の邸宅や寺社、町屋・民家など、京都市中の広い範囲の建物が焼失し、死傷者の数も甚大であった。

山名方の本拠

細川党が室町御所を占拠して本営をすえたのに対して、山名党はそこから西方に位置する宗全の屋敷を中心に布陣した。『大乗院寺社雑事記』や『経覚私用鈔』『後法興院《ごほうこういん》記《き》』などで前者を「東方」、後者を「西方」と呼んでいるのはそのためである。『碧山日

西　陣　碑

西　陣

録』では前者を「東軍」「東陣」「東兵」、後者を「西軍」「西陣」「西兵」などと記述している。京都市上京区の一条通以北の地域を西陣というようになるのは、これに由来している。本書では、一般に使われることの多い東軍・西軍という名称を用いて乱の経過をたどっていくことにしたい。

義政の停戦命令

東軍が室町御所に拠点をおいて将軍義政を擁立する形になったが、義政自身は両軍の戦闘を停止させようとはかり、二十八日に山名・細川両氏に休戦を命じている。しかし、細川勝元が宗全追討のために武家の幡《はた》を下ろすように圧力をかけると、六月初めに義政は牙旗を勝元に与え、東軍に加担する立場を明確にした。義政は義視に宗全討伐を命じるとともに、西軍の諸将に御内書を出して帰服の誘いをかけたという。将軍家の上意が示されたことによって、東軍は幕府軍という性格をもつようになり、義視が大将として鎧《よろい》始《はじめ》の儀式を行なっている。義視の命令によって、山名方に通じる者は室町御所から追放されたり、討ち取られたようである。

山名同心の大名たち

『大乗院寺社雑事記』六月二日条には、「両方相分大名等事」として「西ハ　山名入道　同相模守　同大夫《だいぶ》　同因幡守護此外一類　斯波武衛　畠山衛門佐《えもんのすけ》　同大夫　土岐　六《ろっ》角《かく》　以上十一人大名、廿ヵ国勢共なり、東ハ　細川右京大夫《うきょうのだいぶ》　同讃州《さんしゅう》　同和泉《いずみ》守護　同備中《びっちゅう》守護此外一類　京極《きょうごく》入道　赤松次郎法師　武田」と記されている。『経覚私要鈔』六月三日条には「山名方ハ大名十一頭、細川方は大名十人同心すと云々」とあり、宗全に味方した大名として『雑事記』に記された面々のほか一色・富樫・石見《いわみ》守護（山名政清《まさきよ》）の名が見えている。

東軍優位の戦況

戦況は将軍家を擁立することに成功した東軍が優位に立ったようで、斯波義廉・土岐成頼・六角高頼などが西軍から脱落する動きがみられた。宗全は劣勢を挽回するために、諸国の軍勢に上洛を命じた。『大乗院寺社雑事記』六月四日条では「山名方八ヵ国勢」、『経覚私要鈔』六月二十九日条では安芸《あき》・石見・備前・但馬・備後・播磨の「六ヵ国勢」が丹波路《たんばじ》より入京したとされ、後者ではその軍勢は約八万と噂されたことを記している。『応仁記』に記された西軍の軍勢は、宗全の分国と被官の軍勢が三万余騎、山名

大内勢の上洛

船　岡　山

一族の分国である伯耆・備前の勢五千余騎、同じく美作・石見勢が三千余騎であり、これに他家の軍勢を加えて総計十一万六千余騎に及んだと書かれている。

西軍を大いに勇気づけたのは西国の大内勢の上洛である。五月十日に山口を出発した大内政弘の軍勢は、瀬戸内海の海賊衆を先陣とする兵船により海上を東進し、九州衆や四国の河野通春の軍勢もこれに従った。『大乗院寺社雑事記』六月四日条では「大内二千艘」が船で上洛したとされ、『経覚私要鈔』には六月九日条に「大舟六百艘ハカリ」の上洛記事があり、七月三日条に「上洛国々分」として周防・長門《ながと》・筑前《ちくぜん》・筑後《ちくご》・安芸・豊前《ぶぜん》・石見・伊予の八ヵ国が挙げられている。『経覚私要鈔』七月十九日条によれば大内勢の先陣「兵舟五百艘計」が播磨の室に到着し、『大乗院日記目録』七月二十日条では数万人の大内勢が兵庫に上陸したとされる。

大内政弘の入京

八月三日に兵庫を出発した大内勢は、上洛を阻止しようとした摂津の細川党を撃破して二十三日に入京を果たした。大内政弘は東寺《とうじ》に陣をすえた後、船岡山《ふなおかやま》に移っている。大内・河野の大軍の合力を得て、それまで劣勢であった西軍は一挙に勢いづいた。細川勝元はこれに対抗して、西軍に内通する将軍近習《きんじゅう》を追い出すとともに、後土御門天皇・後花園上皇に室町御所に移るように求めた。正月には宗全の意向で室町御所に迎えられた天皇と上皇は、今度は勝元の要請により再び室町御所に入ることになったのである。十月三日に宗全の征伐を命じる後花園上皇の院宣《いんぜん》が出されている。こうして東軍が将軍家に加えて天皇や院まで取り込むことに成功したのに対して、西軍の勢力は室町御所から一掃されてしまった。

足利義視の逐電

ところが、折しも東軍の大将であったはずの足利義視が逐電するという思わぬ事件が起きる。これは、彼を排除して義尚を跡継ぎにつけようとする日野富子・勝光《かつみつ》や、将軍義政が呼び寄せた伊勢貞親に対する義視の反発に起因するものであった。大乱の最中、義政は文正の政変で没落していた貞親を召し上げたが、貞親は義視の存在を憚って京中に入らず、花頂山《かちょうざん》に陣取ったまま入京の機会をうかがっていた。このような情勢の中で、義視は応仁元年八月二十三日の夜に逃亡し、伊勢国司北畠氏の館へ落ち延びている。義視の逐電は、宗全にとって自らの名分を回復する上で恰好の手がかりとなりうる事件であった。山名党と細川党の衝突は、やがて将軍家の分裂につながっていくことになるのである。

五　足利将軍家の分裂

荒れ果てた都

応仁の乱が起きてから半年ほどで洛中の過半が焼失するなど、度重なる戦闘により京都の市街地は著しく荒れ果てた。応仁元年十月初めには、東軍が陣を構えていた相国寺に西軍が攻め寄せ、相国寺の大伽藍も灰燼に帰した。しかし、それ以後は両軍挙げての衝突はめっきり少なくなる。戦闘は一進一退の膠着状態となり、しだいに行き詰まりの状況を呈し、長期化の様相を示していくのである。

防御施設

両軍ともに敵の急襲を避けるための防御施設を重視するようになり、山名宗全は高さ七丈余りに及ぶ矢倉を立て、上に火矢や石を置いて敵陣に睨みをきかせた。大内政弘も鹿苑院《ろくおんいん》の東南に矢倉を構え、これに対抗して東軍の側でも高矢倉が立てられたという。

戦闘の主力

こうなると、互いに迂闊《うかつ》な攻撃ができなくなっていった。略奪目あてに参加する雑兵《ぞうひょう》（野伏《のぶせり》・足軽《あしがる》・悪党）が駆り集められ、彼らが騎馬武者に代わって戦闘の主力になった。互いの小競り合いや放火・狼藉が延々と続く中で、京都の荒廃が進行していくのである。『応仁記』には、都の荒廃を歎いた飯尾《いのお》彦六《ひころく》左衛門尉《さえもんのじょう》が「汝ヤシル都ハ野辺ノ夕雲雀アカルヲ見テモ落ルナミタハ」という歌を詠んだことが記されている。

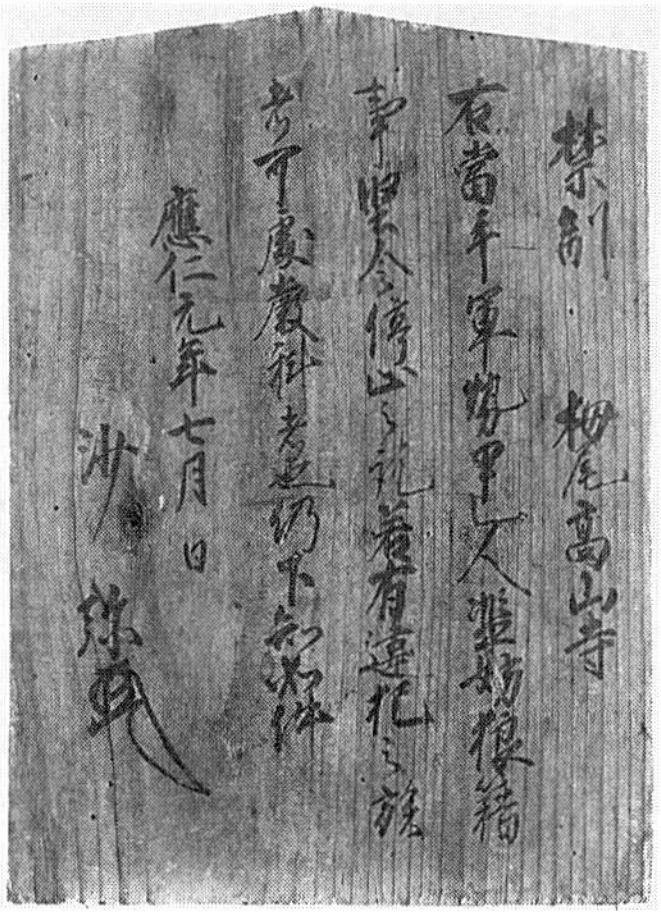

山名宗全制札（高山寺所蔵）

義視の帰還

将軍足利義政は義視を伊勢から京都に呼び戻そうとはかり、応仁二年四月には義視の上洛を命じる勅書《ちょくしょ》も出された。幕府は義視を迎えるために聖護院道興《しょうごいんどうこう》を伊勢《いせ》に下向させている。義視は伊勢から伊賀《いが》・近江を経て、同年九月に入京を果たした。こうして義視はいったん東軍に戻ったものの、義政の妻日野富子やその兄勝光らとの確執がおさまらず、義視は将軍周辺の者たちを斥けるよう諫言の書を送ったが、義政に受け入れられなかった。閏十月に義政が伊勢貞親の出仕を許したことは、義視との関係を決定的に決裂させる要因となった。十一月十三日、義視は洛中から脱出して比叡山《ひえいざん》に登り、まもなく山名宗全らに迎えられて西軍に身を投じるのである。

「朝敵」

十二月三日、義視や西軍に与した公家《くげ》たちの官位が剥奪され、義視の征伐を命じる院宣が下された。東軍の側は、応仁元年十月の山名宗全治罰《ちばつ》の院宣により宗全を「朝敵」と認定し、宗全に与力する者を誅伐するという論理で軍勢を動かしてきたが、応仁二年の末に至って、義視を「朝敵」と認定し、これに同意する者を誅伐する命令を発していくのである。

西軍の対応

一方、これに対抗する西軍の側では、応仁元年十月の興福寺《こうふくじ》や東大寺《とうだいじ》に宛てた書状（『経覚私要鈔』同元年十月二十九日条）、翌年十月二十八日に松林院兼雅《しょうりんいんけんが》に宛てた書状（『大乗院寺社雑事記』同二年十一月六日条）は、いずれも政道が乱れた原因を細川勝元の「自由の所行」や「濫悪」に求めて自軍への協力を要請したもので、山名宗全をはじめ同教之・同政清・斯波義廉・畠山義就・一色義直・畠山義統・土岐成頼の八人の大名の連署状《れんしょじょう》という形式をとっていた。西軍は宗全を盟主とする八大名の一揆的結合から編成され、政

真如堂縁起絵巻（真正極楽寺所蔵）

道を乱した勝元討伐をはかるという論理をとっていたのである。しかし、応仁二年の末に足利義視が西軍に加わり、翌年正月八日に義視が山名方へ御成を行ない、宗全をはじめ西軍の諸大名から馬や太刀の進上を受けるようになると、西軍は自らの軍事行動を正当化する新たな根拠を手に入れることができた。『経覚私要鈔』文明元年四月二十九日条によれば、四国・九州の諸大名に大軍を率いて上洛を命じる義視の御内書《ごないしょ》が十六通下されたという。西軍は義視を「公方様」と呼び、斯波義廉が「西方管領」と記されるようになる。大内政弘が左京大夫に任じられるなど西軍の諸大名の官職が昇進し、東大寺別当職の任命も義視の名前でなされた。応仁から文明《ぶんめい》への改元《かいげん》に対抗して、「西方ニモ年号あり」という説さえ流れている。ここに、事実上、義視を将軍とするもう一つの幕府が成立したといってよいであろう。

南朝の王子を招く

西軍が東軍に対抗して名分を手に入れるためには、自らの側の朝廷・天皇も必要であった。応仁元年以降、天皇と上皇は室町殿に移り、主が留守になった禁裏《きんり》・仙洞《せんとう》を西軍に同心する公家衆が私宅のように使用していたという。前関白一条教房《さきのかんぱくいちじょうのりふさ》が土佐《とさ》に下ったように、諸国に流寓する公家も少なくなかった。このような状況において、西軍は南朝の皇胤小倉宮《おぐらのみや》の王子を紀伊から招いて西軍に迎え入れようとはかった。文明二年、南朝の上洛に反対していた畠山義就もこの策に同意すると上洛の準備が進み、王子は翌年八月に大和《やまと》の壺坂から古市《ふるいち》を経て入京を果たすのである。

東西幕府の対立

応仁の乱は、室町将軍家の権威が低下し将軍の上意が機能不全に陥る中で、細川勝元と山名宗全を「大名頭」とする守護家グループ同士の衝突として始まった。しかし、これは将軍家の存在が無意味になったことを意味するものではなく、東軍と西軍はそれぞれ自軍の側に将軍や天皇を奪い取る動きを示し、両軍の抗争は東幕府と西幕府の対決という構図に発展していくことになる。当時にあっても、将軍家や天皇家を担ぐことが、

諸国の軍勢を結集させる核として意味を持ち続けていたことが分かる。このようにして、応仁の乱の勃発は中央政府の分裂という事態を引き起こし、二つの幕府と朝廷が並立する状況を生み出していったのである。

第七　戦乱の全国化と宗全の死

一　戦乱の全国的拡大

戦闘地域の拡大

洛中の合戦が低調になるのと対照的に、戦闘は洛外、さらに諸大名の分国《ぶんこく》へと拡大していくようになる。とくに東西両軍の戦いが東幕府と西幕府の争いという様相を強めると、諸国に二人の守護が並立しうるということになり、両軍は守護家《しゅごけ》や国人《こくじん》の一族内部に自派の勢力を植えつけようと働きかけたため、諸国で内乱が続発した。両軍が京都の戦乱の手詰まり状態を打開するため、敵の分国内に兵を侵入させたり、国内領主に反乱を起こさせて背後から撹乱するケースもあった。このようにして、諸国の勢力も東西二つの幕府に系列化され、あるいは東西いずれにつくかの選択を迫られることになるのである。

赤松氏の蜂起

京・畿内の周辺のみならず、西は山陰・山陽から四国・九州まで、東は東海から北

陸・東山《とうさん》の諸国に至るまで、全国各地に戦乱が拡大していった。これは西軍のリーダーである山名氏の分国においても例外ではない。とりわけ播磨《はりま》・備前《びぜん》・美作《みまさか》の三国では、大乱勃発後まもなく赤松氏の軍勢がいちはやく蜂起し、山名方を追い払って国内の制圧をほぼ達成していた。山名勢の京都集結という情勢に乗じて、赤松氏は嘉吉《かきつ》の乱で奪われた分国を取り戻すことができたのである。

山名是豊、但馬へ侵攻

山名氏の本国である但馬《たじま》の軍勢は大挙して京都に駐留していたが、但馬の留守部隊も隣国丹波《たんば》の細川勢とたびたび衝突を繰り返している。また、文明三年（一四七一）三月には、山名是豊《これとよ》の子七郎（頼忠《よりただ》）が但馬九日市《ここのかいち》へ乱入し、垣屋越前入道宗忠《かきやえちぜんにゅうどうそうちゅう》や垣屋越中《えっちゅう》入道の子息と交戦したとされる。是豊は宗全の子息であるが、応仁の乱では山名一族と行動をともにせず東軍側に立って活動をしていた。

是豊の影響が強い備後

是豊の影響が強く及んだのが備後《びんご》であり、とくに杉原氏など瀬戸内海沿岸部に拠点をもつ奉公衆《ほうこうしゅう》系の国人の中には東軍に加わる者がみられた。これに対して、山内《やまのうち》・和《わ》知《ち》・田総《たぶさ》・三吉《みよし》・宮《みや》氏ら備後内陸部の国人たちは西軍の側に立つ者が多かった。応仁《おうにん》二年（一四六八）十一月、是豊は備後の東軍のテコ入れのために下向して、宮氏を降伏させるなど一定の戦果を挙げた。この後、是豊は畿内に戻って摂津《せっつ》周辺で大内《おおうち》勢らと戦闘を繰

り返したが、文明二年に再び備後で西軍の動きが活発になると、翌年四月に備後に再入国して東軍の組織化をはかった。これに対し宗全は、守護代宮田教言《のりこと》を派遣して、山内氏など西軍方の国人に協力を求めた。また、徳政《とくせい》を要求する土一揆《つちいっき》が蜂起すると、大内氏の家臣の加勢をうけて鎮圧に努めた（『三浦家文書』）。さらに、安芸《あき》から攻め込んでいた毛利《もうり》豊元《とよもと》を東軍から西軍に寝返らせ、その功績を認めて豊元に対し備後国内の三千貫の知行地《ちぎょうち》を与えている（『毛利家文書』）。

大内勢の軍事活動

西軍の中で山名勢と並ぶ主力部隊であった大内勢は、応仁元年八月の上洛以後、京都市中をはじめ、摂津・山城《やましろ》・大和《やまと》などで活発な軍事行動を展開していた。大内勢の猛攻に手を焼いた東軍は、大友《おおとも》・少弐《しょうに》氏らを蜂起させて大内方の勢力を九州から追い払わせ、大内氏の分国を背後から脅かす作戦をとった。あわせて、東軍は大内政弘《まさひろ》の伯父教《のり》幸《ゆき》（道頓《どうとん》）を挙兵させて分国を制圧させようとはかった。東軍の呼びかけに応じて教幸が挙兵すると、大内氏家臣の仁《に》保《ほ》盛安《もりやす》やその子息などはこれを支持する態度をとった。豊後《ぶんご》の大友氏や石見《いわみ》の益田《ますだ》氏・周布《すふ》氏らにも、教幸に合力して出兵するよう命じる義政《よしまさ》御内書《みぎょうしょ》が発給《はっきゅう》されている。大内氏の分国では西軍の政弘方と東軍の教幸方が衝突し、北九州の麻生《あそう》氏のように同族が政弘方と教幸方に分かれた事例もある。分国が不安定な

風聞が流れた（『大乗院寺社雑事記《だいじょういんじしゃぞうじき》』同年六月十三日条）。土岐《とき》氏や一色《いっしき》氏なども降参する意向を示しているとささやかれ、西軍の被官人《ひかんにん》の逃亡が相次いだ。足利義視《あしかがよしみ》と畠山義就《はたけやまよしひろ》の不和が生じるなど、西軍の諸将の間でも不協和音が目につくようになる。同年八月には、宗全の一族である山名教之《のりゆき》が東軍に転じたとする説も流れている（『大乗院寺社雑事記』同年八月十二日条）。

和議交渉

宗全降参の噂は文明四年正月にも流れており、この時には宗全が死去して大内政弘も降参したとする説さえあった（『親長卿記《ちかながきょうき》』同年正月十五日条、『大乗院寺社雑事記』同年正月二十五日条）。実際に山名氏と細川氏の間で講和の動きがあったようで、宗全は垣屋《かきや》・太田垣《おおたがき》・塩屋《えんや》・佐々木・田公《たぎみ》の五人の使者を遣わして、西軍の諸大名の意向を探らせた。西軍の畠山義就や大内政弘も、一時は和議に応じる構えをみせたと伝えられている。しかし東

講和不成立

軍では、山名氏の分国を軍事的に制圧していた赤松政則《まさのり》が和議に反対し、結局両軍の講和に結びつくことはなかった。この時期、宗全が切腹をしようとして内者に取り押さえられたとか、細川勝元《かつもと》と養子六郎がともに髻《もとどり》を切って遁世したなどの奇妙な噂が流れており（『大乗院寺社雑事記』同年三月十六日条・同年五月十四日条、『経覚私要鈔《きょうがくしようしょう》』同年四月八日条）。東西両軍ともに求心力の低下がうかがえる。

この年八月、山名宗全は隠居して家督《かとく》を政豊に譲った。宗全の嫡男《ちゃくなん》であった教豊《のりとよ》は、大乱勃発直後の応仁元年九月、四十六歳で病没しており、代わって政豊が宗全の後継者となったのである。

政豊に家督を譲る

応仁の乱が起きた時、宗全はすでに六十四歳であった。応仁三年三月、東軍が西陣に斬り込んだ時には、宗全は六十六歳の老体にもかかわらず、具足《ぐそく》をつけ刀をとって庭に出て、敵勢を追い払ったという（『応仁別記』）。しかし、豪勇を謳われた宗全もさすがに年齢による衰えは隠せず、もっぱら西陣の屋形内で合戦を指揮するだけになっていった。翌文明二年には、宗全は重症の中風に冒されており、自署ができないため花押印《かおういん》を使用していたとされる（小川信『山名宗全と細川勝元』）。和平交渉の噂が盛んに流れるようになり、宗全が政豊に家督を譲って隠居したのは、彼が戦意を失いつつあったことを示していよう。

山名教之の死

文明五年正月十三日、前年六月に京都を去って国元に帰っていた山名相模守《さがみのかみ》教之が死去した。教之は応仁の乱において、西軍の有力武将として活躍した山名一族の重鎮であった。伯耆《ほうき》・備前両国の守護を務め、一族では宗全に次ぐ軍事力・経済力をもっていた人物である。

宗全の死

それから二ヵ月余り経って、教之の後を追うようにして宗全が亡くなった。『東寺執《とうじし》行日記《ぎようにつき》』には、「死去は十八日なり、十六日ニ大事ニテ、十八日治定か」とあり、宗全の容態が悪化したのは三月十六日であったらしい。彼は、その二日後の十八日に病死した。天下を揺るがした応仁の乱において西軍の総帥であった宗全は、大乱の最後を見届けることもないままに七十年に及ぶその生涯を閉じたのである。遺体は二十三日に荼毘《だび》に付され、遺骨は南禅寺塔頭《なんぜんじたっちゅう》の真《しん》乗院《じょういん》にあった遠碧軒《おんぺきけん》に葬られた。彼の諡《し》号《ごう》は「遠碧院殿最高宗峯《さいこうそうほう》」である。宗全の墓と伝えられる五輪塔《ごりんのとう》が今も南禅寺の真乗院にある（口絵参照）。

南禅寺真乗院

細川勝元の急死

宗全の死から二ヵ月も経たない文明五年五月十一日、今度は東軍の大将であった細川勝元が急死した。享年四十四歳。五月四日に病に倒れてから僅か七日後のことであった。勝元の死に伴い、嫡子の政元《まさもと》が八歳で細川京兆家《けいちょうけ》の家督を継承した。このようにして、東西両軍の大将が相次いでこの世を去ったのである。

和睦の成立

宗全と勝元の死後、両軍の和平交渉が本格的に取り組まれるようになる。年末には足利義尚《よしひさ》が元服《げんぷく》し、義政が隠居して義尚が室町幕府第九代の将軍に就任した。そして、翌文明六年四月に、山名政豊と細川政元の和睦が成立した。両軍の陣の間に橋がかけられて通行できるようになり、垣屋氏をはじめ太田垣・田公・佐々木・塩冶の五名が細川方に礼に出向き、細川方からも安富《やすとみ》氏ら五名が山名方に礼に来た後、政元母子が山名氏の屋形を訪れて酒宴が開かれたという。『大乗院寺社雑事記』同年四月八日条に「被官人等申し合わすの故か」と記されており、宗全と勝元の死後、双方の被官人が主導して講和にこぎつけたようである。京都を去って国元に下る守護や領主も増加し、大乱は収束に向かった。京都が荒廃し幕府の力が衰える中にあって、在京し続けることの意味は薄れていった。諸国の守護や領主たちは、在国して自力で分国支配の維持・強化をはかっていくようになるのである。

講和の主導者

大乱終結

しかし、応仁の乱が終結するのには、まだ数年の歳月を要した。大乱のきっかけを作った畠山義就や大内政弘の軍勢はなお幕府軍との戦闘を続けており、室町幕府にとって足利義視との関係を修復する必要もあった。いずれ和平を結ぶにしても、できるだけ有利な講和条件を作っておこうというのが諸大名の思惑であった。大乱がようやく終わりの時を迎えたのは、文明九年のことである。この年九月に、畠山義就の軍勢が京都の陣を撤収して、本国の河内《かわち》に下向した。大内政弘は幕府に帰順して守護職の安堵をうけ、十一月に周防山口に下った。足利義視も土岐成頼に連れられて美濃《みの》へと去った。ここに、応仁元年に始まった京都の戦闘は終結するところとなったのである。とはいえ、これは諸国に平和をもたらしたわけではない。むしろ、河内・紀伊・大和などで両畠山氏の衝突が繰り返されたように、戦乱の波は全国に広がり、戦国の合戦が本格的に展開する時代が幕を開けることとなるのである。

第八　宗全死後の山名氏と戦国期社会

一　山名氏の分裂と弱体化

守護在京原則の崩壊

応仁《おうにん》の乱が終わると、諸国の守護《しゅご》たちはほとんどが国元に下った。在京して幕府と結びつくことで分国《ぶんこく》支配権を確保するのではなく、在国して国内の軍事的制圧をはかるのが一般的になっていくのである。『大乗院寺社雑事記《だいじょういんじしゃぞうじき》』文明《ぶんめい》九年（一四七七）十二月十日条には、将軍家の下知《げち》（命令）に従わず年貢を進上しない国々や、国内の戦乱で年貢どころではない国々ばかりで、かりに守護が将軍家の下知に応える姿勢を示す場合でも守護代以下の国内諸勢力が従わず、結局のところ「日本国ハ悉《ことごと》くもって御下知に応ぜざるなり」と記されている。守護代や国人《こくじん》領主など、守護よりも下位の勢力が発言力を高めてきたことをうかがうことができる。

山名氏に対する反乱

山名政豊《やまなまさとよ》は文明六年に細川方と講和し、新将軍義尚《よしひさ》に対面して但馬《たじま》・備後《びんご》・安芸《あき》の守《しゅ》護職《ごしき》の安堵《あんど》をうけた。山城《やましろ》の守護職も政豊に与えられたようである。一族の政之《まさゆき》も伯耆《ほうき》を、政清《まさきよ》は石見《いわみ》をそれぞれ安堵されて、幕府方に加わった。ところが、まもなく因幡《いなば》や伯耆で山名氏に対する反乱が起きる。これは山名氏に対立していた赤松氏と結んだ動きで、因幡の国人毛利《もうり》二郎が赤松氏の援助で強大化し、山名政実《まさざね》を擁して守護豊時《とよとき》に敵対した。伯耆でも国人の一部が守護政之方に反旗を翻した。同十一年、政豊は将軍家の慰留を振り切って但馬に下向し、豊時や政之も因伯の反乱の鎮定に努めた。戦闘の結果、政豊は因幡の毛利氏を破って政実を自害させ、伯耆国人に擁立された山名元之《もとゆき》も美作《みまさか》に追い落として、同十三年頃には分国の安定を回復している。

播磨進攻

赤松氏の勢力を因幡・伯耆から退けた政豊は、勢いにのって文明十五年に但馬から播《はり》

山名氏略系図　2

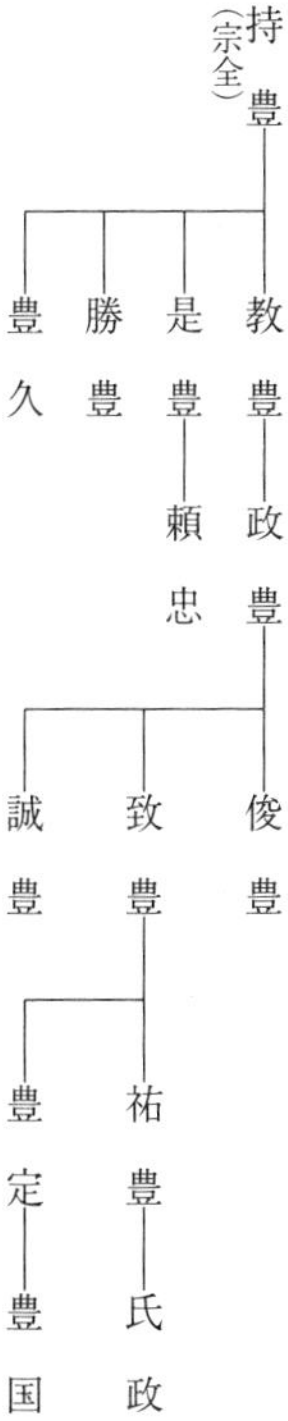

磨《ま》に進攻した。大乱中に赤松氏に奪い取られた三国の奪還をはかったのである。この年十二月、但馬・播磨の国境にある真弓峠《まゆみとうげ》の合戦で勝利した山名勢は、翌十六年には播磨・備前《びぜん》・美作の大半を制圧することに成功した（『大乗院寺社雑事記』文明十六年二月八日条）。動揺した赤松方では、当主の政則《まさのり》をいったん家督の座から降ろして新当主を擁立する動きがみられた。まもなく赤松勢の反撃が始まり、同十七年閏《うるう》三月末、山名方の蔭木《かげき》城が落城し、垣屋越前守《かきやえちぜんのかみ》・同平右衛門尉《へいえもんのじょう》など、垣屋一族が悉く討ち取られてしまった（『蔭凉軒日録《いんりょうけんにちろく》』同年四月一日条）。赤松勢に取られた首は三百五十余りにのぼったという。山名方は同十八年正月の英賀《あが》の合戦でも敗北し、同十九年三月には赤松政則が播磨坂本《さかもと》城《じょう》を奪還することに成功した。翌長享《ちょうきょう》二年（一四八八）、坂本城の合戦で再び敗北した政豊は、但馬に退却を余儀なくさせられている。

赤松勢に敗北

備後国人の主張

政豊の播磨撤退にあたって、備後の国人たちは最後まで撤底抗戦を主張したとされる。備後は、大乱中は山名是豊《これとよ》が父宗全に敵対して勢力を植えつけていた国であるが、是豊が敗北して備後を退去する文明七年以降、政豊から国人への給分宛行《きゅうぶんあてがい》が展開しており、国人たちが政豊の統制下に服していたことが分かる。同十六、十七年に山内《やまのうち》氏が播磨国内に給分を獲得しているのは、播磨の合戦に参陣して論功行賞《ろんこうこうしょう》にあずかったもので

山名氏による給分宛行関係表　3（山名政豊・俊豊期）

	年	文書名	宛　所	内　容	出　典
①	文明7（1475）	政豊判物		（備後）信敷東西之内増分を給分として宛行う	山内首藤家文書　128
②	文明16（1484）	〃	山内新左衛門尉	（播磨）宇野荘内拾分弐・野口内切米8石・当国所々知行分段銭等を給分として宛行う	〃　135
③	文明17（1485）	〃	〃	（播磨）国衙内印達南条を給分として宛行う	〃　137
④	〃	〃	〃	（播磨）細川荘内冷泉家領を給分として宛行う	〃　138
⑤	長享元（1487）	政豊書状	〃	（備後）伊与地頭分を給分として宛行う	〃　140
⑥	明応2（1493）	俊豊書状	山内大和守	（備後）信敷西分之内・永江荘を給分として宛行う	〃　163
⑦	明応3（1494）	俊豊判物	〃	（備後）太田荘之内桑原を給分として宛行う	〃　165
⑧	明応4（1495）	俊豊書状	〃	（備後）苻中真富国衙郷泉田村を給分として宛行う	〃　166
⑨	年不詳	〃	〃	（備後）田総地頭分・小童・和智郷・有福を給分として宛行う	〃　171

あろう。田総豊里《たぶさとよさと》なども同十五年の播磨出兵に加わっており、同十七年二月二十二日に備前福岡の合戦で戦死を遂げている（『萩藩閥閲録《はぎはんばつえつろく》』巻八九）。彼ら備後国人たちは、播磨国内の給分を維持するために戦闘継続を主張したのである。

播磨進攻失敗の影響

政豊が執念を燃やしていた赤松氏との播磨争奪戦に失敗し、足かけ六年にわたる播磨進攻の末に退却せざるをえなかったことは、政豊の地位を著しく不安定なものとした。まもなく山名氏の一族や内衆《うちしゅう》・国人らが政豊から離反する動きをみせ始める。『蔭凉軒日録』長享二年九月二日条には、「朝来郡《あさごぐん》衆は又次郎殿をもって主となさんと欲するなり」とあり、又次郎を新当主に擁立する動きがみられたことが記されている。又次郎とは政豊の子息俊豊《としとよ》のことで、政豊を廃して俊豊を立てようとする計画が表面化したのである。同日条には、「但馬の事、一国悉く垣屋に依る」とも記されており、垣屋氏をはじめとする有力内衆や国人たちが、分国経営にあたって無視できない力をもち始めていたことが、俊豊擁立の背景にあったと考えられる。俊豊は政豊の代官として備後の守護を務めていたが、政豊に不信を抱く勢力と結びつき、父との対立を深めていくのである。

俊豊、幕府に出仕

延徳《えんとく》三年（一四九一）八月、俊豊は垣屋・太田垣《おおたがき》・八木・田井庄《たいのしょう》・村上をはじめ七十〜百人ほどの部下を引き連れて幕府に出仕した（『蔭凉軒日録』同年八月二十三日条）。これは将軍足利義材《あしかがよしき》が近江《おうみ》の六角《ろっかく》攻めを行なった時に、俊豊が参陣したことを示している。しかし、「山名、分国の忩劇により、軍兵えがたきの間、故障申す」（『和長記《かずながき》』同四年五月四日条）とあるように、内紛を抱えていた山名氏は将軍の出兵命令に応じるのが困難になっていった。

政豊父子の抗争

『蔭凉軒日録』延徳四年七月二日条には「山名家の錯乱、無為《ぶい》に属す」と記されているが、その後も内紛は収まっていない。備後では、山内氏が俊豊方の国人の中核として活動し、政豊方の国人である和智・江田両氏と対立していたとみられる（柴原直樹「守護山名氏の備後国支配と国人領主連合」）。備後はかつて宗全の兄持熙が挙兵して討ち取られた国であり、応仁の乱時には宗全方とその子是豊方に分かれて東西両軍が衝突した国でもあったが、今また政豊方と俊豊方の両勢力が抗争する舞台になったのである。国人たちの自立性が強い当国では、守護家の内紛が国人相互の戦闘に結びつきやすかったのであろう。

政豊に敵対する動きが因幡や伯耆にも広がる中で、明応《めいおう》二年（一四九三）七月、俊豊勢が但馬の九日市にいた政豊を襲撃し、政豊も応戦して両者の抗争が激化したようである。結局、俊豊への代替わりは実現しなかったものの、山名氏惣領《そうりよう》家《け》の父子が骨肉の争いを展開するという事態は、以後の山名氏権力に大きなダメージを与えていくことになる。

政豊の死

明応八年正月、山名政豊は五十九歳で病没した。家督は次男の致豊《むねとよ》が相続したとされる。しかし、有力内衆である垣屋続成《つぐなり》が強大化しており、致豊と対立を深めていった。

垣屋氏に御内書の送付

永正《えいしょう》二年（一五〇五）六月二日、将軍足利義澄《よしずみ》は山名次郎（致豊）と垣屋越前守（続成）に御内《ごない》書《しょ》を送って和睦を勧め、致豊の上洛を促している（「室町家御内書案」）。同五年には、義澄は垣屋氏に対し毛氈鞍覆《もうせんくらおおい》・白傘袋《しろかさぶくろ》・網代輿《あじろこし》の使用を認める御内書を送付したとされる（小坂博之『山名豊国』）。本来、毛氈鞍覆などの使用は守護家や御供衆《おともしゅう》クラスだけに許可されるものであり、垣屋氏がそれを認められたとすれば、同氏の家格が上昇して将軍家に直属する地位を得たということを意味する。戦国期には、浦上村宗《うらがみむらむね》・長尾為景《ながおためかげ》・陶隆《すえたか》房《ふさ》・杉重矩《すぎしげのり》・内藤興盛《ないとうおきもり》ら、守護代クラスの有力守護被官《ひかん》が毛氈鞍覆などの使用を認められており、垣屋氏のケースもその一例ということになろう。ただし、垣屋氏が毛氈鞍覆以下の使用許可の御内書を得たことを疑問視する見解もある（渡邊大門「戦国期における山名氏権力と守護代」）。

致豊、誠豊に家督を譲る

永正九年になると、致豊は弟誠豊《のぶとよ》に家督を譲って隠退した。これは幕政の動きと関連していたようで、足利義尹《よしただ》が義澄を追って将軍の座につく中で、義澄に近い立場にあった致豊は家督にとどまることができなかったものと考えられる（小坂博之『山名豊国』）。大《だい》永《えい》二年（一五二二）十一月、誠豊は軍勢を率いて播磨に進攻し、いったんは赤松氏の内紛に乗じて西播磨一帯をかなり制圧することに成功した。しかし、誠豊勢は翌年十月の書写《しよしや》山《ざん》の戦で浦上勢に敗れ、但馬に退却している。

支配圏の縮小

山名氏分国では、垣屋氏をはじめとする有力内衆や国人が自立化を強める一方、山名氏への求心力は衰えていった。これに加えて、近隣の大内《おおうち》氏や尼子《あまご》氏、さらに毛利氏の勢力が分国内に浸透するようになり、山名氏の支配圏は次第に縮小していくことになる。

備後国の支配圏喪失

前述した備後の場合は、国人たちが山名俊豊を擁して但馬の政豊から自立する動きを示した。明応末年頃には俊豊の動静は不明になっていくが、但馬を本国とする山名氏が備後の国人層を従わせるのは容易ではなく、山名氏は山内氏らに協力を要請しているものの、その実効性は疑わしい。やがて、大内氏が強大化して備後にもその勢力が及ぶと、但馬山名氏の影響力は備後から後退していった。天文《てんぶん》年間（一五三二〜五五）には、山名氏の一族理興《まさおき》が大内氏の援助で山名氏政《うじまさ》を滅ぼし、神辺《かんなべ》城主となった。しかし、この理興も天文十八年（一五四九）には大内方に攻められ、神辺城から逃亡して出雲《いずも》に走っている。備後国人は多くが大内氏の配下に属したのである。そして、大内氏が滅亡して毛利氏が西中国の覇権を握ると、備後は毛利氏の支配下に組み込まれていくことになる。毛利隆元《たかもと》が将軍家から備後の守護職に任命されるのは、永禄《えいろく》五年（一五六二）八月六日のことであった。

伯耆を失う

一方、山陰方面では、永正年間以降、出雲の尼子氏が勢力を拡大し、隣国の伯耆に影響力を強めている。大永四年、尼子経久《つねひさ》の率いる大軍が伯耆に進攻した。山名澄之《すみゆき》をはじめ、守護代・国人層が逃亡して、山名氏の勢力は伯耆から大きく後退するのである。但馬山名氏は大内氏と結んで尼子氏に対抗する動きを示し、天文九年に伯耆奪還を試みるが撃退されている。

因幡山名氏と但馬山名氏の対立

このように、山名氏の勢力が但馬と因幡に限定されるようになる中で、因幡山名氏が但馬の惣領家から自立をはかり、但馬勢との間で合戦が繰り広げられた。大永七年五月六日、将軍足利義晴《よしはる》は但馬の山名誠豊と因幡の山名豊治《とよはる》の双方に御内書を送って和睦を勧めたが、両者の対立は容易に決着をみなかった（『御内書記録』）。因幡守護家内部も分裂していたようで、但馬の誠豊の偏諱《へんき》をうけた山名誠通《のぶみち》が守護である豊治に敵対していたとみられる。やがて誠通が豊治に代わって因幡守護となった。

因幡山名氏の滅亡

大永八年二月、誠豊が没して養子の祐豊《すけとよ》（致豊の子）が家督を相続した。祐豊も天文十年に因幡に攻め込み、同十二年には誠通の拠る布施天神山城《ふせてんじんやまじょう》を攻撃した。このころ、誠通は久通《ひさみち》と改名しており、但馬の惣領家から離れて尼子氏と結んでいたものと考えられる。同七年七月、将軍義晴は因幡国岩井荘《いわいのしょう》の引き渡しに関して尼子経久・晴久《はるひさ》父子から因幡守護に対して意見を加えるように求めており、因幡山名氏が尼子氏の影響下にあったことをうかがわせる（『御内書案』）。同十七年、誠通は但馬勢の攻撃をうけて布施天神山城で討死し、因幡山名氏は滅びた。因幡勢は、但馬山名氏に従うという条件で和議を結び、祐豊の弟豊定《とよさだ》が因幡経営のため派遣されている。

尼子・毛利との外交

その後、尼子氏の影響力は一層拡大し、天文二十一年四月に尼子晴久は将軍家から伯耆と因幡の守護職に任命されている（『佐々木家文書』）。尼子氏の勢いに脅威を感じた山名氏は、安芸の毛利氏と結んでこれに対抗しようとした。しかし、やがて尼子氏に代わって毛利氏が強大化し、因幡でも毛利氏の援助をうけた武田高信《たかのぶ》が勢力を拡大すると、山名氏は尼子氏と結んで因幡の確保をはかるようになる。但馬の祐豊と因幡の豊国《とよくに》（祐豊の弟豊定の嫡子）は、尼子・毛利という二大勢力の狭間で態度を変転させながら、生き残りを目指したのである。

織田信長の但馬進攻

永禄十二年になると、織田信長《おだのぶなが》が尼子氏を後援して羽柴秀吉《はしばひでよし》・坂井政尚《さかいまさひさ》に但馬進攻を命じた。織田勢二万の大軍は、生野銀山《いくのぎんざん》や此隅山城《このすみやまじょう》・垣屋城など、但馬の中・南部における主要な拠点を制圧した（『益田《ますだ》家文書』）。祐豊はいったん和泉《いずみ》の堺に逃亡したらしい

山名豊国画像（東林院所蔵）

が、信長に礼銭《れいせん》を支払うことで帰国を許してもらうように働きかけ、甥の豊国の支援も得て但馬に戻ることができた。一方、天正《てんしょう》元年（一五七三）には、毛利氏配下の吉川元春《きっかわもとはる》の軍勢が因幡に進攻し、但馬にも攻め込む動きを示す中で、山名氏は毛利氏に降伏している。山名氏の分国内には、毛利方に通じる勢力と織田方に通じる勢力がいて、互いに牽制し合うという複雑な状況に陥ることになる。

毛利・織田との外交

天正三年、毛利方と山名方の間で芸但同盟が成立し、吉川元春と山名祐豊が起請文《きしょうもん》を交換して協力し合うことを約束した（『吉川家文書』）。これに対して、織田方では同五年に羽柴秀吉が但馬に進攻し、秀吉の弟秀長《ひでなが》が竹《たけ》田《だ》城《じょう》に入って但馬南部に勢力を浸透させていった。毛利方は吉川勢を但馬に入国させようとはかったが、織田方の動きの前に撤退せざるをえなかった。同六年には、秀吉が山名氏に宛てて居城と出石郡《いずしぐん》を安堵《あんど》するという条件で味方につくように誘っている（『山名文書』）。

但馬支配の終焉

天正八年、羽柴秀長は但馬を制圧し、山名祐豊は七十歳で死去した。祐豊の子息氏政は秀吉の配下に下っている。ここに、山名氏の但馬支配は終わりを告げた。一方、因幡には秀吉が進攻し、毛利氏と結んで鳥取城に立て籠っていた山名豊国を降伏させた。豊国は秀吉から改めて鳥取城主に任じられるが、吉川氏と結ぶ重臣らによって放逐されてしまった。翌九年、吉川経家《つねいえ》が鳥取城に入城するものの、秀吉軍に包囲されて兵糧攻めにあい、多くの餓死者を出して落城している。こうして、山名氏の分国はすべて織田政権にのみ込まれてしまったのである。

村岡山名氏

鳥取城を去った山名豊国は、出家して禅高《ぜんこう》と号し、秀吉の御伽衆《おとぎしゅう》として仕えた。連《れん》歌《が》に秀でており、深い教養の持ち主であったとされる（小坂博之『山名豊国』）。後に豊国は徳川家康《とくがわいえやす》に召し出されて、但馬七美郡に六千七百石の領地を与えられ、その子孫は村岡山名氏として幕末に及んでいる。

二　山名氏の同族連合体制

幕府衰亡の徒花

山名宗全が細川勝元《かつもと》と並んで「大名頭《だいみょうがしら》」と呼ばれ、中央政界を主導して応仁の乱を引き起こしたのに比べると、宗全死後の山名氏は内部分裂を伴いながら勢力を弱体化させていったという感が強い。『山名宗全と細川勝元』の著者である小川信氏は、「大乱を契機として、全国的に守護代や国人の中から戦国の群雄が続出し、足利将軍家はもとより、細川・山名両家も相前後して衰運の一途をたどったのである。したがって勝元・宗全両将の勢威は　室町幕府の衰亡を前にして咲き誇った徒花《あだばな》のような権勢でしかなく、彼らはいずれも権力争いによって古い支配秩序の自壊作用に拍車をかけ、一世紀にわたる戦国争乱への道を開くという皮肉な役割しか担うことができなかったといえる」と述べている。ここには、室町幕府・将軍家の衰退とともに、細川氏も山名氏も共に衰退するという見方が示されており、後の戦国大名につながる守護代や国人と比較して、守護家の遅れた側面が強調されている。

細川氏と山名氏の違い

しかし細川氏の場合は、勝元の死後、単純に衰えたということはできない。むしろ、勝元の嫡子政元《まさもと》が乱後の畿内政治の主導権を掌握しており、畿内の戦国史は細川氏の動静を中心に展開していくことになる。宗全死後の山名氏の急速な衰えとは対称的な歩みをたどったとさえいえよう。それでは、乱後の細川氏と山名氏の違いは、一体どこに起因したのであろうか。

細川氏の同族連合体制

応仁の乱前後の細川氏の性格を分析した上で、戦国期の細川氏が畿内近国の支配基盤を強化していく動きを論じたのが末柄豊氏の研究である（末柄豊「細川氏の同族連合体制の解体と畿内領国化」）。末柄氏は細川氏が室町幕府の実力者として、他氏に優越しえた理由は、小川信氏の指摘する同族連合体制にあったとし、その内容を詳細に明らかにしている。それによれば、細川氏（京兆家《けいちょうけ》）は庶流《しょりゅう》守護家の統制を重視し、管領家《かんれいけ》として幕政の中枢を占めることで庶流守護家の分国保有を保証していたという。しかも、庶流守護家の内衆中枢を掌握したり、国衙機構・国衙《こくが》領に対する直轄支配、分国内領主の京兆家への被官《ひかん》化、一族分国全体に分布する所領経営など、庶流守護家が細川京兆家に依存せざるをえない仕組みを多様に作り出すことによって、同族を結集させることに成功したとされる。ところが、応仁の乱の結果、守護職が幕府の政治情勢に左右されるものでなくなると、細川京兆家は庶流守護家を統制する契機を失って同族連合体制は解体し、この危機を乗り越えるために畿内近国に基盤を集中して生き残りをはかったと捉えるのである。

以上のように、末柄氏は有力庶流家のほとんどが守護になっている点が細川氏の特徴だとする小川氏の指摘をふまえ、庶流家の統制を軸に同族連合体制論を展開し、この体制こそが幕府内で他氏への優位を確保できた理由だと主張した。ここで対比される他氏とは、三管領家のうち、斯波《しば》・畠山《はたけやま》両氏がとくに念頭に置かれているようである。それでは、山名氏においても、同族連合体制に支えられた細川氏の優位を許す状況がみられたのであろうか。

山名一族の場合

実は山名氏の場合も、細川氏と同様に庶流一族が諸国の守護になっており、細川氏の場合とよく似たあり方を見出すことができる。十五世紀の半ばでいえば、惣領家の宗全が但馬・備後・安芸・播磨などの守護職を確保したのに対し、庶流家の教之《のりゆき》が伯耆・備前の守護、政清《まさきよ》が石見・美作の守護、豊氏《とようじ》が因幡の守護であった。細川氏における集中の契機を論じた末柄氏は、守護職の帰趨が京兆家の出席する幕府の重臣会議の審議に左右されるところに庶流守護家が京兆家に依存する理由を指摘したが、山名氏についても同じ原理をあてはめることができよう。

山名一族の軍事活動

実際、各種の軍事活動において、山名氏の一族は共同行動をとることが多い。明徳《めいとく》の乱では将軍義満《よしみつ》の画策により山名氏は分裂させられてしまったが、幕府側についた時熙《ときひろ》と義弟の氏之《うじゆき》を除いて、氏清《うじきよ》と甥の満幸《みつゆき》を中心に義理《よしまさ》・氏家《うじいえ》らが随時連携をとりながら京都へ進撃したことが知られる。この後、時熙の系統が惣領家を継ぐという体制が確立すると、山名氏の軍事行動は惣領家を中心に展開していくことになる。『満済准后日《まんさいじゅごうにっ》記《き》』永享《えいきょう》四年（一四三二）正月十八日条によれば、安芸・石見両国の軍勢の救援を大内氏から要請された時熙は、安芸は自らの分国であり、石見は「一家の分国」であるとして、出兵の用意を命じる意向を申し出ている。前日の記事では、両国は幸い「当方の分国」であるとも述べており、時熙は山名氏の惣領として庶流家の分国の軍勢に対しても動員をかける力をもっていたことが分かる。

山名氏物領による分国支配

山名一族が備後・安芸・石見の守護職を獲得するのは応永《おうえい》の乱の後のことで、最初は時熙が備後、満氏が安芸、氏利が石見の守護であった。ただし、惣領家の重臣である犬《いぬ》橋満泰《はしみつやす》が三国の支配に関与していることから、山名氏による備・芸・石の支配は総合的に行なわれていたことが指摘されている（岸田裕之『大名領国の構成的展開』）。惣領の時熙は、庶流家の分国である安芸や石見の国人に対しても各種の指令や協力要請を行ない、彼らの軍功に対しては謝意を表す書状を送付したのである。

永享二年（一四三〇）、時熙は将軍義教《よしのり》の上意をうけて、地方に下っていた医師を上洛させるよう内衆に命じているが、庶流家の分国である伯耆の禅宗寺院の寺僧が使者として活動していたとされる（吉田賢司「在京大名山名氏による医徳庵召還活動」）。時熙は庶流家の分国内の寺僧を動かす力ももっていたのである。山名氏一族による分国経営は、それぞれの守護が一元的に国内を統括するのではなく、惣領家の時熙が介在する形で展開しており、幕府の宿老《しゅくろう》でもある時熙は一族を統制することを通じて室町幕府―守護体制を支えていたことが分かる。

分国内の所領分布

山名氏一族の分国が惣領家を中心に秩序づけられる仕組みは、所領分布の面からも確認することができる。たとえば、時熙は応永九年（一四〇二）に但馬の円通寺《えんつうじ》に因幡の津井郷《ついのごう》を寄進《きしん》しているが、当郷は恩賞地として代々知行《ちぎょう》してきた所領であったという（『円通寺文書』）。永享二年には、時熙が但馬の楞厳寺《りょうごんじ》に対して、但馬の寺領と因幡の服部荘領家職《りょうけしき》を安堵している（『楞厳寺文書』）。山名氏惣領家の所領や同家とかかわりの深い円通寺・楞厳寺の寺領が庶流家の分国内にも存在していたのである。各分国の経

楞厳寺

営はバラバラになされていたのではなく、一族の分国は全体としてまとまりをもっており、その枠組みの中で所領支配が展開していたことを知ることができよう。

宗全の代の結果

このようなあり方は、宗全の代になっても同様である。嘉吉《かきつ》の乱が起きた時、宗全をはじめ、伯耆の守護教之、因幡の守護熙高《ひろたか》ら山名一門の面々は、共同で軍事行動を展開し、赤松氏討伐を果たした。その功績によって、播磨は宗全、備前は教之、美作は教清というように、赤松氏分国を一族で拝領するのである。

応仁の乱の着到状

応仁の乱においても、是豊のように東軍に属した者はいるものの、山名氏一族はほぼ結束して宗全の指揮下に属したといってよかろう。『応仁記』によれば、宗全は自軍の多少を知るために着到状《ちゃくとうじょう》を付けたところ、「山名入道ノ勢ハ但馬・播磨・備後并《ならび》ニ諸国被官、合三万余騎、同名相州《そうしゅう》、伯耆・備前五千余騎、因幡守護三千余騎、同修理大《しゅりのだい》夫《ぶ》、美作・石見ノ勢ヲ卒シテ三千余騎、他家ノ人々ニハ武衛義廉《ぶえいよしかど》、越前・尾張《おわり》・遠江《とおとうみ》衆一万余騎、畠山右衛門佐義就《うえもんのすけよしひろ》、大和《やまと》・河内《かわち》・熊野ノ衆催シ七千余騎、同修理大夫義《よし》純《ずみ》、能登《のと》勢将《ひきい》テ三千余騎、一色左京大夫義直《いっしきさきょうのだいぶよしなお》、丹後《たんご》・伊勢《いせ》・土佐《とさ》衆五千余騎、土岐《とき》左京大夫成頼《しげより》、美濃《みの》衆八千余騎、六角《ろっかく》四郎高頼《たかより》、近江《おうみ》衆五千余騎、大内新介正弘《まさひろ》、周防《すおう》・長門《ながと》・豊前《ぶぜん》・筑前《ちくぜん》・安芸・石見ノ勢二万余騎、伊予河野《いよこうの》二千余騎、此外諸国合力

一族の軍勢

一万余騎、惣都合十一万六千余騎」であったという。西軍の構成を記すにあたり、まず宗全と山名一族（相模守教之・因幡守護・修理大夫政清）の軍勢を書いてから他氏の軍勢を記載するという形式をとっているのが目を引く（なお、宗全についてのみ分国勢＋諸国被官という書き方になっている点が興味深い）。これは東軍についても同じで、最初に勝元と細川一族の軍勢を書いてから他氏の軍勢を書き上げている。

軍勢の上洛経路

この書き方は『大乗院寺社雑事記』応仁元年五月二日条でも同様であり、「西ハ山名入道、同相模守、同大夫、同因幡守護、此外一類、斯波武衛、畠山衛門佐、同大夫、土岐、六角」、「東ハ細河右京大夫、同讃州《さんしゅう》、同和泉守護、同備中守護、此外一類、京極《きょうごく》入道、赤松次郎法師、武田」となっている。また、『大乗院寺社雑事記』同年六月四日条は「山名方八ヵ国勢」が丹波から攻めのぼり、『経覚私要鈔《きょうがくしようしょう》』同年六月二十九日条は、安芸・石見・備前・但馬・備後・播磨の「六ヵ国勢」が丹波路《たんばじ》より入京したとされ、その軍勢は約八万と噂されたことを記す。山名一族の軍勢は、いったん但馬に集結した後、丹波を経て上洛するという動き方をとっており、惣領家・庶流家を含めてまとまった動き方をする軍勢と把握されているのである。

分国内の所領支配

所領支配の面でも、時熙の時代と同様に、惣領家や庶流家の所領は山名氏一族の各分国にまたがって存在していた。十五世紀から十六世紀の因幡では、各地に但馬山名氏の直轄領が分布していたとされる（岡村吉彦「戦国期因幡国における守護支配の展開と構造」）。また、応仁二年五月六日に備後安那郡《やすなぐん》が細川教春《のりはる》に宛行われた時の将軍家御教書には、「安那郡（山名兵部少輔《ひょうぶのしょう》・同親類被官人以下跡）」と書かれており、宗全の分国である備後国内に美作・石見の守護である山名兵部少輔政清の分郡が存在していたことが分かる（『長門細川文書』）。このように、惣領家や庶流家は、各分国内に互いの所領や権益をもち合う関係で緊密に結びついていたのである。

分国全体の知行安堵権

このような関係を背景として、宗全は一族の分国全体を対象に知行の安堵権を行使している。永享十二年十二月の伯耆大山寺《だいせんじ》領《りょう》を安堵しているのは、伯耆国守護ではなく、山名氏の惣領である宗全であった（『大山寺文書』）。因幡にある但馬円通寺領や同楞厳寺領についても、因幡国守護ではなく、宗全が安堵や公事《くじ》免除を行なっている（渡邊大門「『山名家譜』所収の但馬国「円通寺文書」について」）。山名惣領家は伯耆や因幡の守護を務める庶流家の上位に位置していたものと考えられよう。

庶流家被官人同士の争いに関与

『建内記《けんないき》』文安《ぶんあん》四年（一四四七）三月八日条によれば、備前・伯耆両国守護山名教之の若党であった斎藤氏は、同僚であり備前守護代を務める小鴨《こがも》氏や伯耆守護代を務める南条《なんじょう》

円通寺

氏と不和となり、山名氏の惣領宗全の意見によっていったんは下国した。ところが、斎藤は在京することを望み、教之の制止を振り切り、数百人の者を率いて上洛を果たした。斎藤が小鴨・南条の宿所に押し寄せようとする動きをみせる中で、宗全は両方に和解するよう求めたが聞き入れられず、京都市中は不穏な情勢に陥ったという。庶流家である教之の被官人どうしの争いにも、惣領家の宗全が深く関与しているのである。

一族同士の婚姻関係

山名氏一族の分国が惣領家を中心に秩序づけられる仕組みは、一族どうしの婚姻関係や養子縁組など人的な結合関係にも支えられていた。後に述べるように、宗全の母、すなわち父時熙の妻は、時熙の伯父氏清の娘であった。明徳の乱で討ち取られた山名満幸の妻も叔父氏清の娘であり、同族内の婚姻関係を重ねることで一族の結集がはかられていたものと考えられる。

猶子関係

山名氏一族は、猶子《ゆうし》関係によっても錯綜した形で結びつけられていた。宗全の義兄である煕高は明徳の乱で討死した叔父高義の遺児で、宗全の父時煕が猶子として煕高を育てた。煕高は因幡の守護であったが、義弟である宗全の子勝豊《かつとよ》が煕高の猶子となって守護職を継いだとみられ、因幡の守護職は但馬の惣領家との強い結びつきをもつ人物に確保されていた。庶流家による分国支配は惣領家と無関係に行われたものではなく、惣領家は人的なネットワークを通じて庶流家の分国に様々な影響を及ぼすことができたのである。

同族連合体制に支えられた山名氏

以上にみてきたことから、同族連合体制は細川氏の専売特許ではなかったことが分かる。細川氏の権勢を支えたのが同族連合体制であったとすれば、山名氏についても同じことがいえよう。十五世紀半ば、斯波・畠山・富樫《とがし》・河野氏をはじめ、多くの守護家で一族が分裂して抗争する状況が生まれていた。将軍家による守護家への介入や肩入れが、分裂を生み混乱を増幅させる要因でもあった。そのような中にあって、分裂の契機をはらみながらも、それを表面化させずに一族の結集を図ったのが山名氏と細川氏だといえよう。同族連合体制に支えられることにより、宗全と勝元は諸大名の頂点に立ち「大名頭」として彼らを統率しえたのである。二人が応仁の乱における両軍のリーダーとなることができた背景には、同族連合体制の存在が大きかったと考えられる。

三　山名氏と細川氏の差異

山名・細川氏の差異

同族連合体制という権力構造上の側面で室町期の山名氏と細川氏に顕著な差が認められないとすれば、乱後の両氏の歩みの違いは戦国期の政治状況から説明されなければならないであろう。山名氏と細川氏の置かれた政治的な立場の差異に留意して読み解いていく必要がある。

同族連合体制の変質

末柄豊氏は、応仁の乱の結果、守護職が幕府の政治情勢に左右されるものでなくなり、細川京兆家は庶流守護家を統制する契機を失い、同族連合体制は解体したと論じた（「細川氏の同族連合体制の解体と畿内領国化」）。そして、京兆家はこの危機を乗り越えるために畿内近国に基盤を集中し領国化を進めたと説明するのである。しかし、応仁の乱の結果、細川氏の同族連合体制が解体したと本当にいえるかどうかは疑問である。確かに、管領家や宿老と呼ばれた有力大名が将軍の上意のもとに結集して守護職の帰趨を左右するという、室町期にみられた体制は十五世紀半ば以降は変質していくことになる（川岡勉『室町幕府と守護権力』第二部第二章）。とはいえ、京兆家による庶流守護家に対する統制力が容易に失われたとはいいきれないのではないだろうか。

細川京兆家の求心力

細川京兆家の求心力の源泉は、何よりも管領として幕政の中枢を掌握しているところにある。応仁の乱以後、諸国の守護たちの多くが下国していくのに対して、細川政元は最後まで京都にとどまって幕政を主導し、義尚から義材・義澄と変転する将軍家を支えていった。永正四年（一五〇七）に起きた政元暗殺事件は細川氏の結合を動揺させ、一門を分裂に追い込むことになるものの、細川京兆家の動静を軸に幕政が展開していくという状況に変わりはなかった。これは、戦国期においても畿内政治史が幕府を中心に成り立つ構造をもっていたことによる。京兆家と庶流守護家は、重層的な所領支配や家臣団編成を組み合わせることを通じて一体性を維持し、畿内から東瀬戸内地域に及ぶ広域的な支配を継続させていくのである（藤田達生『日本中近世移行期の地域構造』）。織田信長が畿内に進攻するまでの三好《みよし》氏の権力も、これを踏まえて存立したものであったと捉えることができよう。

畿内政治史の構造

京都での権勢喪失

これに対して、山名氏の場合はこうした道を歩むことは考えにくいところであった。文明六年に講和に応じた山名政豊は、幕府に出仕して守護職の安堵をうけたが、応仁の乱勃発前の宗全のように、在京する諸大名に強い影響力を及ぼし、細川氏に対抗したり幕政を左右したりする条件は失われていた。山名氏の盟友であった西軍の諸大名たちが次々に下国する中で、管領家ではない山名氏が京都における権勢を維持することは困難であった。嘉吉の乱で飛躍的な権力拡大を果たした山名氏は、応仁の乱のもたらした新たな状況により京都で権勢を振るう根拠を喪失したのである。

国元に足場を移す

文明十一年、政豊は将軍家の慰留を振り切って但馬に下向し、以後は在国して分国支配に専念することになる。政豊を最後に、山名氏惣領家が足利将軍家から偏諱《へんき》をうけることはなくなる。山名氏は京都から国元へと足場を移したのである。小川信氏は『山名宗全と細川勝元』の中で、「大乱を契機として、全国的に守護代や国人の中から戦国の群雄が続出し、足利将軍家はもとより、細川・山名両家も相前後して衰運の一途をたどったのである」と述べ、室町幕府・将軍家とともに守護家は衰退するのに対し、守護代や国人の中から後の戦国大名が生まれるとする見方を示した。しかし、事態はそれほど単純ではない。小川氏の見解に反して、戦国期に入るとすべての守護家が衰退していくわけではない。それどころか、守護家は分国支配を展開する上でむしろ有利な立場にあった。実際、応仁の乱以後、在国して自立性を高めた守護家が、分国内外の諸勢力と競合しながら分国支配の強化に乗り出す事例は少なくない。前述した細川氏をはじめ、西国の大内氏、東国の今川氏や武田氏などは、戦国期まで強大な権力を保持するのである。

戦国期の守護家

山名政豊の但馬下向も、在国して分国支配を拡大・強化することを企図したものであった。このねらいは成功せずに山名氏は衰運に向かうのであるが、それは諸勢力との競合の結果であって、決して守護家のたどる必然的な運命とみるべきではなかろう。山名氏の衰運をもたらした要因としては、とくに播磨・美作・備前の支配権をめぐる赤松氏との争奪戦に敗れたことが大きかったと思われる。もし政豊が赤松氏分国を併呑することができていれば、山陰・山陽両道の東部一帯に山名氏一門による広域的な支配圏が出現していたであろう。しかし、三国奪還に執念を燃やした政豊は、足かけ六年にわたる播磨進攻もむなしく、軍勢を引き揚げざるをえなかった。これが政豊の地位を不安定なものとし、山名氏一族や内衆、国人らが離反する動きを示す中で、政豊を廃して俊豊を立てようとする動きが表面化するのである。政豊・俊豊父子の争いは山名氏の分裂と求心力の低下をもたらし、垣屋氏をはじめとする内衆や国人領主が自立性を強める一方、

政豊の但馬下向の意図

山名氏の衰退

近隣の有力大名の圧力をうけて旧来の分国の経営さえ脅かされていくことになる。

身分秩序の維持

但し、それにもかかわらず、山名氏の守護支配は容易に否定されなかったことにも注意しておかなければならない。衰えたとはいえ、それでも山名氏は本国但馬や隣国因幡を織豊期に至るまで確保している。垣屋氏ら国衆が地域領主として強大化しても、彼らは最後まで山名氏を屋形《やかた》として推戴し、屋形個人に対して反逆することがあったとしても、主家山名氏そのものの打倒を目指したり、山名氏に成り代わろうとすることはなかったとされる（山本浩樹「戦国期但馬をめぐる諸勢力の動向」）。ここには、戦国期においてなお、守護—守護代—国衆という家格や身分秩序が生き続けていたことが示されている。山名氏は戦国期守護として、分国内の権力体系の中核に位置し、国成敗権の主たる担い手であったとみることができよう。

第九　山名宗全の一生と歴史的役割

一　宗全の親族と人的結合

持豊の出自

『但馬《たじま》村岡山名家譜』によれば、山名宗全は応永《おうえい》十一年（一四〇四）五月十九日に、山名時《とき》熙《ひろ》と伯父師義《もろよし》の娘との間に生まれたとされる。幼名は小次郎で、十歳で元服《げんぷく》して持豊《もちとよ》と名乗ったという。時熙の嫡子《ちゃくし》で持豊の長兄にあたる満時《みつとき》が同二十七年に夭折した後、次兄の持熙《もちひろ》との対立を経て時熙の後継者の地位を獲得したことはすでに述べた。永享《えいきょう》五年（一四三三）に時熙から持豊に家督《かとく》が譲与され、二年後に時熙が亡くなって、持豊は名実ともに山名一族を背負って立つことになる。

宗全の母

宗全は康正《こうしょう》二年（一四五六）に但馬において母親の十七年忌を行なっている。その時に招かれた建仁寺《けんにんじ》の瑞巌龍惺《ずいがんりゅうせい》が書いた『蟬庵稿《ぜんあんこう》』には、「安清開基無染大姉《あんせいかいきむせんだいし》十七年忌　山名金吾《きんご》母　奥州女《おうしゅうのむすめ》」と記されている。これによって、宗全の母は奥州（山名陸奥守氏清《むつのかみうじきよ》）

の娘で、永享十二年（一四四〇）に死去して「無染大姉」（無染宗潔《そうけつ》大姉）と号された女性であることが分かる。『蔭涼軒日録《いんりょうけんにちろく》』永享十二年十月十四日条に見える「山名殿の老母不例のゆえ、先ず役者定めらる」という記事がこれに対応するものとみられる。以上から、宗全の母は師義の娘ではなく、明徳の乱で討たれた山名氏清の娘であったと考えるべきであろう。

宗全の兄弟

宗全の兄弟については、『尊卑分脈《そんぴぶんみゃく》』や『続群書類従《ぞくぐんしょるいじゅう》』の『山名系図』には煕高の名前しか記されていない。この煕高は明徳の乱で討死した叔父高義《たかよし》の遺児で、時煕が猶子として育てた人物である。一方、池田四朗氏所蔵『山名系図』には、満時・持煕という宗全の二人の兄の名が認められるほか、栂尾殿《とがのおどの》・九畊院《きゅうこういん》・陽徳院《ようとくいん》・安清院《あんせいいん》という姉妹がいたことも記されている。満時・持煕については、すでに触れたところである。

九畊院

九畊院については、『建内記《けんないき》』嘉吉《かきつ》四年（一四四四）正月二十日条に「景愛寺《けいあいじ》　当住は山名の妹休耕院《きゅうこういん》なり、宗興《そうこう》の事なり、十二月廿六日入院なり」、同月二十三日条にも「景愛寺、当住は山名の妹なり」と記されており、彼女は後に応仁の乱で焼失することになる尼寺景愛寺の住持であったことが分かる。『建内記』文安《ぶんあん》元年（一四四四）六月三日条の「方丈　山名の姉なり」とあるのも、彼女のこととみられる。兵庫県養父市八鹿に伝わる日光院文書の中にある寛正《かんしょう》六年（一四六五）五月二十三日宗昕書下《そうきんかきくだし》には、本文に「休畊院の御意を得られ候」という文言があり、「休畊院殿ト申ハ山名宗峯《そうほう》ノ御アネニテ御座候アリ」という追筆が残されている。このように、九畊院（休耕院・休畊院）は宗全の姉とも妹とも書かれており、どちらが正しいかは分かりかねる。

小倉宮王子を妹の寺に預ける

安清院に関しては、『蔭凉軒日録』文正元年（一四六六）八月三日条に、足利義政が宗全に斯波義廉と絶交するよう求めた時、安清院が呼び出されて義政の命が伝えられたとする記事がみえる。彼女は幕府と山名氏を仲介する役割を果たす一方、東寺不動堂預職をめぐる争いで山名側の後押しをするなど、政治的な動きをする女性であった（下田英郎「但馬佐々木氏の活動と後裔」）。文明三年（一四七一）、南朝の小倉宮《おぐらのみや》の王子が上洛して「山名入道の妹比丘尼寺安山院」に移っているが（『大乗院寺社雑事記』同年閏八月九日条）、この安山院も安清院のことと思われる。西軍を率いる宗全は妹の寺に南朝の王子を預けたのであろう。

宗全の妻

宗全の妻については、確かな手がかりに乏しい。康正元年（一四五五）九月九日、宗全の子教豊が亡き母「興禅院殿《こうぜんいんでん》心月《しんげつ》理《り》安大禅定尼《あんだいぜんじょうに》」の三十三回忌の法要を南禅寺《なんぜんじ》栖真院《せいしんいん》で行なっている（『蟬庵稿』）から、教豊の母であった女性は応永三十年（一四二三）に死去したことになる。教豊が生まれたのはその前年であり、宗全は二十歳の時におそらく最初の妻を亡くしたのであろう。宗全の三男勝豊の母については、天慶禅尼《てんけいぜんに》という女性であったことが指摘されている（片岡秀樹「『蟬庵稿』にみる山名一族の佛事法語について」）。彼女は宗全の後妻であったとみられる。また、『碧山日録《へきざんにちろく》』長禄《ちょうろく》三年（一四五九）十二月十二日条には、「山名氏金吾宗全の亡妻、玉渓《ぎょくけい》と号す、この日すなわち大祥忌《だいしょうき》なり」とあり、邦春院《ほうしゅんいん》において三回忌の法要が営まれている。ここから、長禄元年に亡くなった宗全の妻は玉渓と号された女性であり、宗全は五十四歳の年にも妻と死別していたことが分かる。ただし、宗全の妻たちが、どこの家から嫁いできた女性たちであったか、残念ながら明かにすることはできない。

宗全の子息たち

宗全の息子として、『尊卑分脈』や池田四朗氏所蔵『山名系図』では、教豊《のりとよ》・是豊《これとよ》・勝豊《かつとよ》・時豊《ときとよ》・豊久《とよひさ》の五人の名が記されている。『続群書類従』の『山名系図』では、これに政豊を加えた六人の息子と二人の女子が書き載せられている。一方、『但馬村岡山名家譜』巻五の末尾には、「持豊に七男三女あり、嫡男《ちゃくなん》伊予守《いよのかみ》教豊、次ハ左衛門佐《さえもんのすけ》勝豊、次ハ弾正忠《だんじょうちゅう》時豊、次弾正忠是豊、次ハ宮内少輔《くないのしょう》師豊《もろとよ》、次ハ宗岷侍者《そうみんじしゃ》、次ハ細川勝元《かつもと》の室、次ハ六角高頼《ろっかくたかより》の室、次ハ斯波義廉《しばよしかど》の室、次ハ七郎豊久なり」と書かれている。

嫡子教豊

宗全の嫡子が教豊であったことは、当時の史料を見ても明らかである。教豊は応永二十九年（一四二二）に生まれており、永享二年（一四三〇）正月に元服し、将軍足利義教《あしかがよしのり》から一字を賜わり「教豊」と名乗ったとされる（『但馬村岡山名家譜』）。弾正少弼《しょうひつ》・伊予守に任じられ、嘉吉《かきつ》の乱では宗全とともに播磨《はりま》に下って赤松《あかまつ》討伐に功を挙げたという。享徳《きょうとく》三年（一四五四）に宗全が将軍義政《よしまさ》の怒りをかって但馬に下った時、いったん教豊が家督を継承した。十二月三日、山名弾正少弼（教豊）は、弟七郎や子息次郎、宮田らとともに幕府に出仕している（『康富記《やすとみき》』）。翌年四月には、教豊は軍兵を率いて播磨に攻め入り、赤松則《のり》尚《なお》を追討して八月二十三日に京都に凱旋を果たした。長禄《ちょうろく》二年八月に宗全が許されて上洛するまで、教豊が山名氏の当主として幕府に奉公したのである。応仁の乱が起きると、教豊は西軍の武将として父宗全を支えて奮戦したが、まもなく病を得て応仁元年（一四六七）九月九日に四十六歳で死去してしまう。大智院殿《だいちいんでん》と号されて、南禅寺の真乗院に葬られたという。

山名政豊

教豊の後を継いだのが山名政豊である。前述したとおり、『続群書類従』の『山名系図』では政豊を宗全の子息とする。『寛政重修諸家譜《かんせいちょうしゅうしょかふ》』においても、政豊を「実ハ持豊か四男、教豊か嗣となる」、「兄教豊か養子」などと記し、政豊は宗全の子の一人で兄教豊の嗣子《しし》となったとする。これに対して、『尊卑分脈』や『但馬村岡山名家譜』は政豊を教豊の子息とし、後者では「政豊ハ伊予守教豊の嫡男にして少名を小次郎といふ、将軍義政公の御前におゐて元服あり、一字を賜ハりて政豊と名つく」と書いている。『応仁記』には「山名入道嫡孫少弼政豊」、『李朝実録《りちょうじつろく》』成宗《せいそう》六年（一四七五）八月十四日条でも「山名長孫少弼」と記されており、政豊は宗全の孫という扱いである。前述のように教豊は享徳三年に、弟七郎や子息次郎らを伴い幕府に出仕している。『長禄二年以来申次記《もうしつぎき》』では、「国持衆《くにもちしゅう》」の中に山名弾正少弼教豊・同次郎政豊の名前が見えており、教豊の子息次郎は政豊であった可能性が高い。政豊の父親は宗全ではなく、教豊とみておいた方がよかろう。いずれにしても、教豊が応仁元年に亡くなったため、宗全は家督を政豊に譲与することになったのである。

山名是豊

宗全の子のうち、父と袂を分かち東軍に属したのが弾正忠是豊である。諸系図には是豊は教豊の次に書かれることが多いが、『大乗院寺社雑事記』応仁元年五月二十一日条や文明《ぶんめい》四年正月二十五日条では、是豊を「宗全之末子」としている。一方、『応仁記』では是豊を「金吾《きんご》ガ弟ナリ、是ハ故民部大夫《みんぶのたいふ》ガ養子也、養父ハ普光院《ふこういん》殿ノ御供ニテ赤松ニテ被《うたれ》レ打シトキ、勝元ノ計ヒトシテ是豊ニ一跡ヲ令二相続《そうぞくせしめ》一、其ヨシヲ思ヒ一家ヲ離レ細川方へ馳来ル」と説明している。是豊は宗全の弟であったが、足利義教の御供として討死した民部大夫の跡目を細川勝元の計らいで相続し、その恩義を感じた是豊は山名一家を離れて細川党に属したというのである。しかし、嘉吉の乱で義教とともに討死した山名熙貴《ひろたか》の官途は、中務大輔《なかつかさのたいふ》であって民部大輔ではない。『経覚私要鈔《きょうがくしようしょう》』応仁元年六月九日条に「山名弾正は、父に背き、不断御所に祗候し候」とあり、『草根集《そうこんしゅう》』が享徳三年の宗全隠居の際には弾正少弼（教豊）と弟弾正忠（是豊）が歌を送った記事を載せているところからみても、是豊はやはり宗全の子息であり、教豊の弟にあたると考えるべきであろう。

是豊の播磨経営

宗全が享徳三年から長禄二年まで但馬に下っている時期、すなわち教豊が一時的に家督であった時期に、是豊が播磨の支配に関わる文書を発給《はっきゅう》している（渡邊大門「山名是豊関係文書について」）。これは幕府の命令をうけて寺領の返還や公家《くげ》領の公事《くじ》免除を行なったり、赤穂《あこう》・揖西《いっさい》両郡内の荏胡麻《えごま》商売を保証したりしたもので、宗全の掌握していた分国のうち播磨については是豊が守護職を得たものと思われる。宗全によってなされた強引な播磨経営を修正する意味合いをもっていたとも考えられる。こうした是豊の姿勢が幕府から評価されたのであろうか、その後、是豊は備後《びんご》と安芸《あき》の守護職《しゅごしき》を得たようである。

さらに、寛正年間、幕府が畠山義就《はたけやまよしひろ》討伐の兵を河内《かわち》に進攻させた時、石見《いわみ》守護山名政《まさ》清《きよ》が出陣命令に応じなかったため、守護職は是豊に与えられている（『萩藩閥閲録《はぎはんばつえつろく》』巻四三）。是豊は備後や安芸・石見の国人《こくじん》層を率いて河内国内を転戦するのである。

東幕府内における是豊

寛正五年（一四六四）の末には、是豊は山城国《やましろのくに》守護に抜擢されている。ちょうど山名宗全と細川勝元の対立が激しくなってきた時期で、幕政を動かしていた勝元は是豊を登用することで山名氏の分断をはかったものとみられる。是豊は細川方に接近することで、嫡流の教豊・政豊に対抗しようとしたのであろう。応仁の乱が勃発した時、山名一族の大部分が西軍に属したのに対し、是豊は子息七郎頼忠《よりただ》や山名右馬介豊熙《うまのすけとよひろ》とともに東軍に加わり、摂津《せっつ》や山城、備後などで大きな働きをすることになる。東幕府の側からは、是豊が山名氏の家督保持者であり、山城・備後などの守護に位置づけられる存在であった。

勝豊

山名宗全には、享徳元年（一四五二）十一月十日に亡くなった男子もいた。『師郷記《もろさとき》』同日条によれば、死んだのは「山名左衛門佐□豊　山名入道三男」とあり、死因は赤痢《せきり》であったという。これは諸系図に見える勝豊であったと考えられ、「大興寺殿月海居士《だいこうじでんげつかいこじ》」と諡《おくりな》された。この時二十歳であったと書かれているから、永享五年（一四三三）生まれということになる。『草根集』には宝徳《ほうとく》元年（一四四九）八月に左衛門佐勝豊が歌会に参会して歌を読んだ記事があり、翌年三月には室町殿における蹴鞠《けまり》に参加していたことも認められる

（『経覚私要鈔』宝徳二年三月三十日条）。

熙貴

『続群書類従』の『山名系図』では、山名中務大輔熙貴の養子勝豊に関して「左衛門佐　因幡《いなば》守護、実は持豊の男」という記載があり、宗全の子勝豊が熙貴の養子となって因幡国守護を務めたとしている。しかし、室町幕府の番衆であった熙貴は、嘉吉の乱において将軍義教を守って討死するのであり、彼は因幡の守護職にはついていない。

因幡国守護職の変遷

因幡国守護職の変遷はなかなか複雑であり、但馬の惣領家や伯耆守護家のように直系で守護職の移動を追うのは難しい。明徳《めいとく》の乱以前に因幡の守護であった山名氏家は、戦に敗れて没落するが、まもなく赦免されて守護職を回復している。氏家《うじいえ》の後は、その子熙貴ではなく、明徳の乱で討死した高義《たかよし》の子上総介熙高《かずさのすけひろたか》が時熙の猶子《ゆうし》となって因幡国守護職を継いだ。宗全の子勝豊が養子に入って因幡の守護を務めたとすれば、養父は中務大輔熙貴ではなく上総介熙高であった可能性が高い。勝豊が死去した翌年、因幡国守護職をめぐって山名兄弟の紛争が起きているが（『経覚私要鈔』享徳二年十一月二十六日条）、これは熙高の子息であった熙成《ひろしげ》と熙幸《ひろゆき》の争いとみられ、勝豊の死に伴って守護職をめぐる戦乱が生じたのである。

山名氏の人的ネットワーク

宗全が勝豊を因幡守護家に送り込んだように、山名氏の一族内部には網の目のように養子縁組の関係が結ばれている。それを通じて一族の結束を高めたり、惣領家の意思を一族に及ぼそうとしたのであろう。また、『寛政重修諸家譜』が宗全の末子豊久を細川勝元の養子と記載しているように、宗全の結んだ人的なネットワークは他の大名家にまで及ぶものであった。この豊久は幼くして勝元の養子となり、勝元の後継者と目されたが、勝元に実子政元が誕生したことにより廃嫡されて仏門に入った。これが鄧林宗棟であり、妙心寺十七世を務めた高僧として知られる。

他の大名との関係でいえば、山名氏の女性たちが諸大名に嫁いでいる事例が注目される。『続群書類従』の『山名系図』には、宗全の二人の女子が細川勝元の妻と斯波義廉の妻であると記されている。また前述のように、『但馬村岡山名家譜』巻五の末尾に宗全の七男三女に関する記載があり、三人の娘は細川勝元・六角高頼・斯波義廉の室であったことが記されている。さらに、大内教弘《おおうちのりひろ》も宗全の娘婿であった事実が確認できる。これら諸大名との間で成立する婚姻関係は、極めて政治的な意味合いをもつものであった。

大内氏との縁組

大内教弘のもとに嫁いだのは将軍義教暗殺に巻き込まれて討死した山名熙貴の娘で、嘉吉三年（一四四三）六月、当時十六歳の彼女は惣領宗全の養女となり西国に下った。大内氏側からは三千貫の出立料が届けられたという。大内氏は嘉吉の乱後に強大化した山名氏との提携をはかって、この縁組を結んだのである。宗全養女と教弘の間に生まれたのが大内政弘《まさひろ》であり、応仁の乱の勃発に際して彼は西国の大軍を率いて祖父宗全のもとに馳せ参じることになる（真木隆行「大内政弘の母に関する覚書」）。

細川氏との縁組

細川氏との縁組も、山名熙貴の娘が惣領宗全の養女となって管領《かんれい》勝元に嫁いだものであり、文安四年二月、宗全が細川方に積極的に働きかけて実現した婚姻であった。勝元に嫁いだ宗全養女は春林院と呼ばれた女性で、彼女が生んだのが政元である。この結婚により宗全と勝元の関係が深まり、宗全の政治的な地位は揺るぎないものになった。しかし、後に両者の関係は険悪なものに変わり、応仁の乱では舅と婿である二人が東西両軍を率いて衝突することになるのである。

斯波氏との婚姻関係

斯波義廉が宗全の娘婿となるのはライバル斯波義敏《よしとし》との家督抗争の最中であり、義廉は婚姻関係を通じて山名氏ら有力大名の支持を得ようとした。しかし、将軍義政は義敏を支持し、文正元年（一四六六）七月に義廉を退けて義敏に合力する命令を諸大名に発し、宗全に対しては義廉との関係を解消して絶交するように求めた。これに対し、宗全は義廉を守る決意を示して義政の措置に徹底抗戦する構えをみせたという。

宗全の人的ネットワーク

以上のように、宗全の勢力拡大の過程を考える上で、養子縁組や婚姻関係など人的なネットワークのもつ意味は軽視できない。室町幕府—守護体制が変質する中で諸大名は互いに結びつきを強めながら守護家の維持をはかっており、人的なつながりが以前にも増して重要な政治的意味をもつようになる。宗全はその中でもとくにこうした要素をいち早くとり入れ、一族内外に人的なネットワークを巧みに張りめぐらしていくのである。

管領家に次ぐ家格

『応仁記』は、義尚の将軍家相続を目指す日野富子《ひのとみこ》が宗全に頼ったのは、「諸国ノ大名・小名ノ中ニ山名金吾ナラデハ、一家モ心カサ有、諸大名ニ聟アマタアリ、威勢無双ト思食《おぼしめし》、密《ひそか》ニ此入道ヲ頼ミ世ニタテバヤ」と考えたためだとしている。当時、宗全ほどに広く諸大名に影響力を発揮できる人物はいなかったのである。山名氏は、管領家である斯波・細川・畠山の三氏に比べると家格が劣っていた。それだけに、家格の低さを補うためにも、人的な関係に依拠する面が大きかったのかもしれない。

二　宗全の思想と人間像

宗全の風貌

山名宗全には、父時熙のように肖像画は伝わっておらず、彼の風貌をうかがう手がかりは少ない。『続群書類従』の『山名系図』には、「宗全面色甚赤《はなはだあかし》、世人呼曰《よんでいわく》赤入道」とあり、赤ら顔で「赤入道」と呼ばれたことが記されている。『応仁記』にも、山名方へ射かけられた矢文に「ウテナクハ、ヤメヤ山名ノ赤入道、手ツメニ成レハ御所ヲ頼ヌ」と記されていたことが述べられており、「赤入道」と呼ばれたのは事実であったろう。一休宗純《いっきゅうそうじゅん》の『狂雲集《きょううんしゅう》』には「山名金吾は鞍馬《くらま》の毘沙門《びしゃもん》の化身《けしん》 鞍馬の多門は赤面顔、利生《りしょう》物に接し人間に現ず、方便門を開けば真実の相あり、業は修羅に属し名は山に属す」と書かれ、宗全は赤い顔をしている鞍馬寺の毘沙門天（多《た》聞天《もんてん》）の化身と噂されたことが分かる。鞍馬寺は平安京北方鎮護の寺であり、当寺の本尊である国宝毘沙門天像は古くから北方を守護する軍神として人々の信仰を集めた。眉間にしわを寄せ甲冑をつけて武装したその姿が、宗全のイメージに重ねられ

毘沙門天像（鞍馬寺所蔵）

ていたのであろう。兵庫県朝来《あさご》市の鷲原寺《しゅうげんじ》には、宗全の寄進《きしん》とされる毘沙門天像があり、宗全の花押《かおう》が残されている。宗全自身も、毘沙門天に特別の思いを抱いていたのかもしれない。

豪胆で荒々しい人物像

このような呼称や風聞からすると、いかにも豪胆で荒々しい宗全の人間像が浮かび上がってくる。実際、彼は嘉吉の乱や応仁の乱など数々の戦乱を経験した歴戦のつわものであり、戦闘能力の高さには抜きん出たものがあった。体制の秩序からはみ出して荘《しょう》園《えん》を侵略し、将軍家と対立する場面が生じても、幕府が山名氏を体制の中に組み込んでいかざるをえなかったのは、その強大な軍事力が他を圧倒していたためであろう。

政務に関与せず

『嘉吉記』には、「山名金吾攻ルトシテナラズト云コトナク、戦トシテ勝タズト云事ナシ、其上大国数多《あまた》領シ、一族子共沢山ニ持テ、諸大名ヲムコニトリ、ソノ身政務ニカ、ハラズアリケレバ、将軍ヲ始メ諸大名達、彼ガ心ニ背カン事ヲ不レ欲《ほっせず》、今ノ世ニ肩ヲ双ブル人ナクゾ見ヘシ」と記されている。宗全はもっぱら軍事的な方面で活躍し、公式の政務に関与することは少なかったというのである。たしかに、彼が侍所頭人《さむらいどころとうにん》に就任していたのは、嘉吉の乱前後の一年余りにすぎない。嘉吉の乱勃発で頭人を退き、赤松討伐に下向した時からは、彼は幕府の宿老《しゅくろう》という立場で隠然とした権力を振るうのである。管領家の場合と異なって比較的自由な立場で活動が可能であっただけに、政治機関の長に就任して権力を行使するのではなく、人脈を広げて権力を拡大するというのが彼のやり方であった。

時勢の重視

本書の冒頭で触れた『塵塚物語《ちりづかものがたり》』に掲載されたエピソードは、先例よりも現在の時勢を重視する宗全の政治姿勢を示すものとしてよく知られている。実際、証拠書類の有無によるのでなく実力による占有を正当化する姿勢が山名氏の方式として打ち出されていたことも本書で言及した。『建内記』嘉吉三年五月二十三日条には、「山名一党、多く田猟を好み、田畠を踏み損じ、農民またこれを愁傷す。人々の犬を捕らえ、終日犬追物《いぬおうもの》を射る。或いは犬を殺し、人これを食らう。鷹これを養い、汚穢・不浄充満するものか。さらに神慮かないがたきかな」と述べられている。これに対して、管領畠山持国《もちくに》などは被官人《ひかんにん》に鷹飼いを堅く禁じていたとされ、山名一党の粗暴な振る舞いが際立つものであったことがうかがわれる。

犬追物

なお、山名氏には犬追物の故実《こじつ》が伝えられており、宗全は家に伝わる故実をもとに犬追物の由来を書き記したとされる。これが『続群書類従』に収録された『山名家犬追物記』である。

激しい性格

宗全は、かなり激しい性格のもち主だったようである。享徳三年（一四五四）九月十四日、細川勝元が畠山弥三郎をかくまっていた磯谷《いそがい》兄弟を誅伐した時、弥三郎を支持していた宗全は、同じ立場であるはずの勝元の処置にカッとなり、勝元亭に押し寄せようとして周囲に宥められたという。同年、宗全が将軍義政の怒りを招いた時には、宗全に反省の色はなく、かえって義政を罵ったために隠居を命じられている。

教豊との対立

宗全の腹立ちが嫡子教豊に向かった場合もある。文安四年（一四四七）正月十五日、将軍家の垸飯《おうばん》を教豊が勤めた時、アクシデントにより彼が馬を乗り換えたため遅参し、見物に出ていた宗全は気を損じたという。『長禄四年記』には、長禄四年（一四六〇）に宗全と教豊が対立していた記事が認められる。同年九月二十八日にはいったん仲直りしたようであるが、十月二十六日には再び仲違いして教豊が播磨に下向している。対立の理由は不明であるが、宗全が畠山義就の支持を表明したことに起因する可能性が指摘されている（桜井英治『室町人の精神』）。宗全の激しやすい性格によるところも大きかったのではないだろうか。

心優しい一面

その一方で、宗全には心優しい一面も認められる。文安元年二月十七日から二十三日まで、宗全は太秦薬師《うずまさやくし》に参籠《さんろう》しているが、これは被官人である田公《たぎみ》入道の病気平癒を祈禱するためであったという（『康富記』同年二月二十三日条）。寛正元年には、毎年、父時熙の

家臣思い

家臣との絆

命日に僧を集め冥福を祈らせていた家臣が、同じ日に死去したことに感じ入った宗全は、その家臣を悼んで読経《どきよう》の法会《ほうえ》を開いている（『碧山日録《へきざんにちろく》』同年七月四日条）。文明元年（一四六九）に家臣の八木遠秀《やぎとおひで》が死去した時には、その父宗頼《むねより》が挽歌《ばんか》を述べ、遠秀の辞世と合わせて一軸となし、これを見た宗全が弥陀の六字をしたためている（『禿尾長柄帚《とくびちようへいそう》』）。こうした事例からは、宗全が家臣思いの顔をもっていたように感じられる。『応仁記』によれば、文正元年（一四六六）に宗全が将軍義政との合戦を辞さずとして分国の軍勢を動員した時、垣屋・太田垣ら十三人が上意に背くことの非を説いて諫め、それでも戦うというのなら一同出家・入道して高野山《こうやさん》に上ると述べたのに対し、自分は娘婿の斯波義廉とともに腹を切るが、各々はとどまるようにと語ったとされる。家臣たちを道連れにしないという態度を見て、彼らは逆に宗全と行動をともにする決意を固めたという。これが史実であるかどうかは定かでないが、宗全の強引と思える行動が家臣たちとの強い絆に支えられていたことを伝えるエピソードである。

父時熙

宗全の父時熙については、和漢の教養に秀れた文化人であり、禅宗《ぜんしゆう》に帰依《きえ》し、仏教寺院を保護した人物であったことが特筆される。これに対して宗全の場合は、以上に述べてきたことからも武断的なイメージが強い。とはいえ、室町幕府を支える山名一門の惣領である以上、それにふさわしい教養や知識を身につけていなかったわけではあるまい。宗全は室町殿で開かれた連歌会《れんがえ》に参加し、公家や僧侶に交じって連歌を詠んでいるし、将軍を自邸に招いて連歌を催すこともあった。

宗砌・正徹と宗全

いわゆる連歌七賢の一人で連歌中興の祖として著名な高山宗砌《たかやまそうぜい》(時重《ときしげ》)は、山名氏の被官高山氏の出身であり、宗全との関係は親密であった。歌人の正徹《しょうてつ》の歌集『草根集』からは、宗砌が京都の草庵で宗全や正徹らと和歌の交わりを重ねていたことが知られる。宗砌は幕府の北野連歌会所奉行・宗匠《そうしょう》(いわゆる「天下の宗匠」)となり、連歌界で第一人者の地位を得ていくが、その背景には宗全の政治力があったと考えられる。宗全が享徳三年(一四五四)に義政より隠居を命じられると、宗砌も奉行・宗匠の職を辞して但馬に下り、翌年但馬で死去している。宗砌が残した句の中には但馬で作った作品があり、宗全も隠居先で連歌や詩歌などに興じていたものと思われる。

連歌と山名家家臣団

同じ連歌七賢の一人とされる行助《ぎょうじょ》も、もとは山名氏の家臣であり、連歌を宗砌から学んで優れた句を詠んだ人物である。また、山名氏家臣の太田垣忠説《ただとき》は、宗砌の教えをまとめて『砌塵抄《ぜいじんしょう》』を編んでいる。宗砌を中心に復興された連歌は、その後、弟子の飯尾宗祇《いいおそうぎ》らによって発展をみるが、宗全をはじめ山名一族・家臣の中にも連歌の愛好者が少なくなく、山名氏には宗砌流と称される連歌の秘伝書《ひでんしょ》が伝えられている。

瑞巌龍惺

宗全は、但馬に隠居していた時、建仁寺《けんにんじ》の瑞巌龍惺《ずいがんりゅうせい》を招いて亡母の十七回忌仏を行なっている。瑞巌は山名氏の出身であり、宗全の推挙により南禅寺《なんぜんじ》第一八一世となった人物である。彼は山名氏から経済的援助を得るなど手厚い保護をうける一方、山名氏に招かれて一族の仏事を執り行なった。彼の詩文集である『蟬庵稿《ぜんあんこう》』や『瑞岩禅師行状《ずいがんぜんじぎょうじょう》記《き》』には、山名氏関係の史料がかなり含まれており、宗全との交流の一端が知られる（片岡嫺樹「守護山名氏とその但馬の在所について」）。

山名氏と禅宗

山名氏と禅宗との関わりは南北朝期の時氏《ときうじ》のころからであり、但馬の黒川大明寺《だいみょうじ》を開いた月庵宗光は、山名氏の強力な外護《げご》をうけて、竹野《たけの》の円通寺《えんつうじ》、早田の大同寺《だいどうじ》なども開創し、但馬国内には禅宗が広く浸透した（岡部恒「守護大名山名氏と禅宗」）。宗全の父時熙も月庵《げったん》に帰依し、京都の南禅寺に塔中《たっちゅう》栖真院《せいしんいん》を設けて月庵の法流を開山として招いた。栖真院は時熙の書斎・隠居所であった栖真軒が時熙の嫡子満時の菩提所《ぼだいしょ》となったもので、しばしば山名氏に関係する仏事が当院で行なわれた。康正《こうしょう》元年（一四五五）九月九日に宗全の亡妻心月大姉の三十三回忌がなされたのも栖真院においてである。備後にあった山門領が栖真院の請地《うけち》とされており、院主が代官職を補任《ぶにん》する権限をもっていたが、これは備後国守護である宗全の権勢を後ろ楯として維持されていた（『山内《やまのうち》首藤《すどう》家文書』）。

宗全と禅宗

禅宗に帰依した宗全は、嘉吉の乱後に出家して最初は宗峯《そうほう》と号した。宗全という法号は『碧山日録』長禄三年（一四五九）四月五日条に見えているが、これは前年に隠居先の但馬から帰京してまもなくのことであり、彼は隠居後に宗全と改めていたものとみられる。宗全は月庵の法流である香林宗簡《こうりんそうかん》を招いて南禅寺に塔頭真乗院《しんじょういん》を開創し、寺領を寄進した。また、宗全は建仁寺の塔頭大龍庵《だいりゅうあん》の檀那《だんな》でもあった。このほか、但馬にある天《てん》龍寺《りゅうじ》派の名刹楞厳寺《りょうごんじ》などにも、宗全の寺領安堵状《あんどじょう》や公事免許状が残されている。

浄土教的思想

一方で、宗全は浄土教的な思想ももっていたと伝えられ、阿弥陀仏を信仰し極楽浄土の図を描かせて邸宅に置き、朝夕礼拝を欠かさなかったとされる（片岡秀樹「『蟬庵稿』にみる山名一族の佛事法語について」）。但馬隠居中の宗全が亡母の十七回忌仏を行なった「西光精《さいこうしょう》舎《じゃ》」（『蟬庵稿』）は、九日市にある時宗《じしゅう》寺院の西光寺であったとみられる。

宗全の寺社保護

また、竹野にある時宗寺院である興長寺《こうちょうじ》には、宗全の寺領安堵状が残されている。宗全も父時熙と同様に京都や但馬の寺社を保護していたことが知られるのである。

三　山名宗全の歴史的役割

山名宗全に限らず、個々の人物を評価するためには、それぞれが生きた社会の状況と関連づけてその営みを読み解いていく必要がある。個々人の生き方は、社会の構造や変動と無関係ではありえないからである。本書を閉じるにあたって、宗全を社会的にどのように位置づけるべきか、彼が歴史上どのような役割を果たしたかを考えてみることにしたい。

守護大名の典型

宗全の歴史的役割に関しては、立場の異なる幾つかの評価が示されている。たとえば、宗全の父時熙（常熙《じょうき》）を「有力守護大名の典型の一人」と位置づける小坂博之氏は、「宗全の歴史上の役割は父常熙の幕政および分国統治における施策の軌道上、あるいはその延長線上においてはたされたもの」と評価した（『山名常熙と禅刹』）。これが一面をついているのは事実であるが、時熙と宗全の生きた時代の違いを考えたとき、宗全を時熙の延長線上に位置づけるだけでは十分とはいえない。とりわけ、十五世紀半ば、室町幕府―守護体制の変質という事態が、宗全を新たな時代の主役の一人に押し上げたことを軽視してはなるまい。父時熙が幕府―守護体制を支える理想的な存在として、同時代においても高く評価されたのに対して、宗全の場合は旧秩序の破壊者としての印象が際立っている。その差がどこから生まれたのかを考えてみる必要があろう。

時代の徒花

一方、再三触れてきたように、小川信氏は宗全と勝元が古い秩序の自壊に拍車をかける役割を果たしたとしつつ、室町幕府・将軍家の衰退とともに守護である細川・山名両氏も衰退すると捉えており、守護代や国人の中から台頭する戦国大名と比較して守護家の遅れた側面を強調している（『山名宗全と細川勝元』）。宗全のもつ破壊者としての側面を重視しながらも、「時代の徒花」という消極的な評価を与えるにとどまるのである。

幕政の主導者

今岡典和氏は、宗全について傲岸不遜・粗暴、あるいは反逆児的なイメージのみを強調するのは一面的だとし、山名氏は室町幕府の屈指の名門であり、宗全も幕府政治の主導権を握る形で勢力拡大をはかったことを重視すべきだとする。そして、戦国期においても有力守護が将軍候補者を擁して対抗し合う構図が続いており、応仁の乱はそうした動きの端緒として大きな意義があると述べている（「山名宗全と室町幕府」）。これは正当な指摘であり、宗全を室町期の守護の延長線上に捉えたり、戦国期よりも遅れた側面を強調したりするのに比べてはるかに説得力がある。ただし、幕府政治の中枢から登場したはずの宗全が新たな時代の幕を開ける役回りを演じることになる事情については、なお一層の説明を要するところであろう。

荘園制秩序の破壊者

本書で述べてきたように、十五世紀中葉、荘園制的な秩序を破壊する動きを率先して示したのが宗全であり、山名氏の分国では荘園の押領《おうりょう》や年貢減少などがとくに甚だしい。嘉吉の乱後に赤松氏分国を獲得して以後、山名一族による違乱《いらん》・押領は目に余るものであり、将軍家や管領も制止しきれないほどであった。証拠書類の有無によるのでなく、実力による占有を正当化する姿勢が、山名氏の方式だとされたという。

嘉吉の乱が画期

宗全のような振る舞いが可能であったのは、室町幕府―守護体制の変質という政治情勢によるところが大きい。とりわけ、嘉吉の乱における将軍義教の暗殺は、幕府―守護体制の中心が失われたことを意味し、諸大名が自立化する上で決定的な画期となった。義教が、ある意味きわめて生真面目に旧秩序の擁護者として行動しようとしたのに対して、嘉吉の乱を経ることで急速な強大化を果たした宗全は、自らの置かれた立場を利用して積極的な分国経営を展開し、京都の政治社会そのものの存立を揺るがすことになった。そのため、享徳三年（一四五四）には京都から追放されて、いったん幕府―守護体制の枠組から排除されてしまう。しかし、宗全はまもなく帰京を果たして幕政を主導するようになり、幕府―守護体制はいよいよ後戻りできない形へと変質を遂げていくのである。

積極的な分国経営

幕政の中枢に位置しながらも、軍事力を基礎に積極的な分国経営を行なったところに宗全の新しさがある。分国経営にあたっては、郡散合《ぐんさんごう》（検地《けんち》）や貫高制《かんだかせい》、給分宛行《きゅうぶんあてがい》など、知行制度を整備していく動きが認められ、そこに戦国期を先取りする要素を読み取ることも可能である。宗全は但馬を中心に備後・播磨など分国内の諸勢力の組織化に力を注いでいる。

戦国の争乱の本格化

室町幕府―守護体制が変質していった結果、山名宗全と細川勝元の二人をリーダーとする大名連合が形成され、両者が衝突して応仁の乱が勃発した。大乱が長引く中で、中央政府の分裂が生じて二つの幕府が正当性を競い合うという事態が展開する一方、それが地域権力の対立や分裂を全国的規模で引き起こすことにもなった。やがて、諸大名は在京して幕政の主導権争いに関わるよりも、国元に下向し分国を制することを優先するようになり、分国支配においては、幕府や将軍家とのつながりよりも、軍事力が重視される時代へと移り変わっていった。応仁の乱を経ることによって、戦国の争乱が本格的に開始されていくのである。

「新儀非法」の肯定者

宗全が例よりも時を優先したとする『塵塚物語』にみえるエピソードは、先例に頼る

転換する時代状況

保守的な価値観を否定し、旧来であれば「新儀非法《しんぎひほう》」とされた行為を平然と肯定する姿勢を示したものである。宗全より百年以上も前に、同じように先例主義の否定を唱えた人物として知られるのが後醍醐《ごだいご》天皇である。後醍醐は「今の例は昔の新儀なり、朕が新儀は未来の先例たるべし」と豪語し（『梅松論《ばいしょうろん》』）、強烈な個性を発揮して鎌倉幕府を打倒に導いた。ただし、後醍醐の新儀肯定が彼のカリスマ性に基づくものであったのに対し、宗全のそれはカリスマ的なものではあるまい。宗全の行動が突出しているとはいえ、そこには旧来の秩序を否定する時代全体の風潮が示されているとみるべきであろう。宗全は室町期から戦国の動乱期へと移行する時代の変化を体現する存在であった。まさに転換する時代状況が、宗全のような人物を生み出したということができるのである。

山名氏系図（＝は養子）

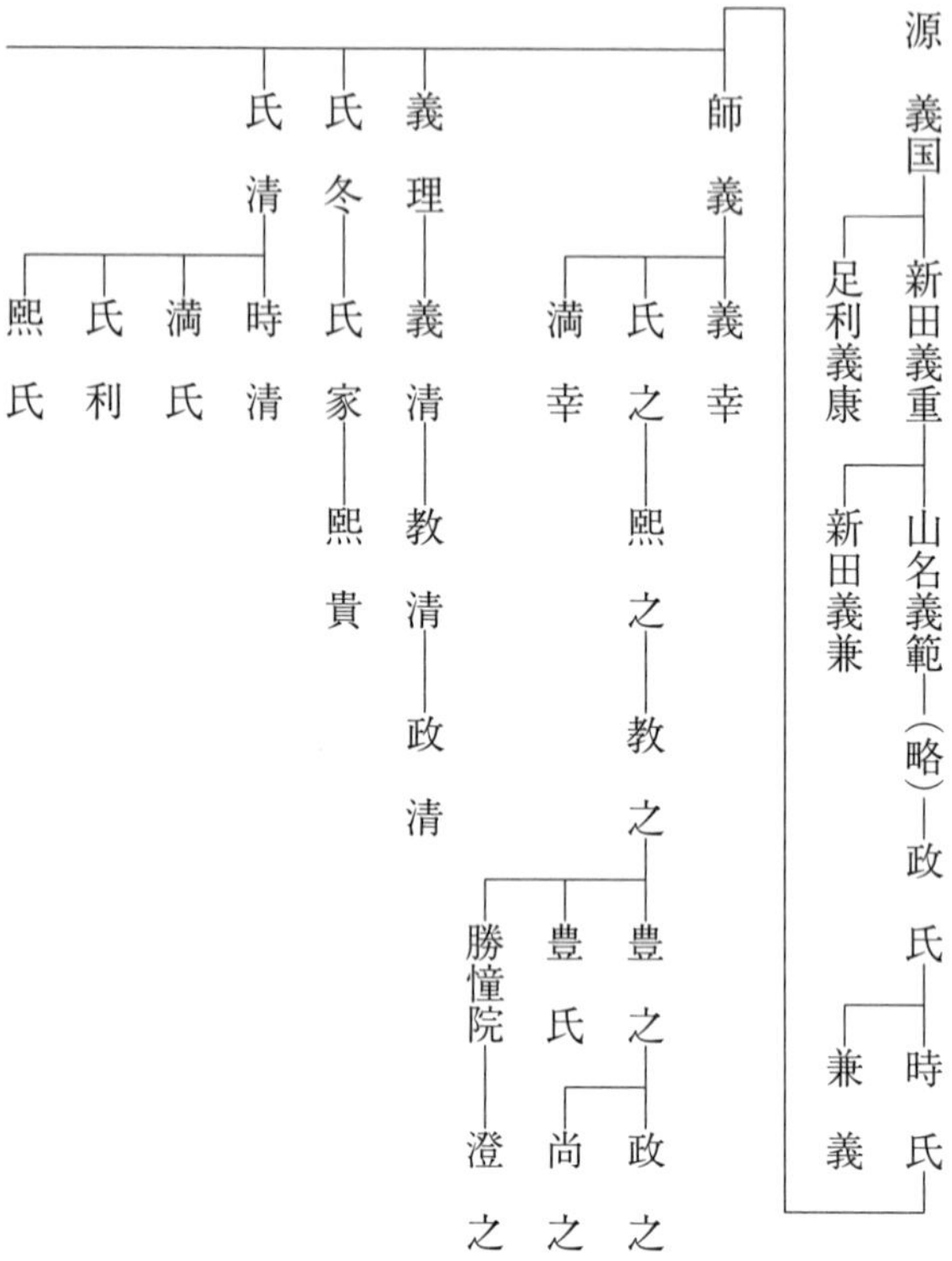

源義国
新田義重
足利義康
山名義範
新田義兼
（略）
政氏
時氏
兼義
師義
義理
氏冬
氏清
義幸
氏之
満幸
熙之
教之
豊之
豊氏
勝憧院
政之
尚之
澄之
義清
教清
政清
氏家
熙貴
時清
満氏
氏利
熙氏

- 時義
  - 時熙
    - 満時
    - 持熙
    - **持豊**
      - 教豊
        - 政豊
          - 俊豊
          - 致豊
            - 祐豊
              - 氏政
            - 豊定
              - 豊国
          - 誠豊
      - 是豊
        - 頼忠
      - 勝豊
        - 豊時
          - 豊重
            - 豊治
          - 豊頼
            - 誠通
      - 時豊
      - 豊久
      - 女(大内教弘室)
      - 女(細川勝元室)
      - 女(六角高頼室)
      - 女(斯波義廉室)
    - 九畊院
    - 安清院
- 氏重
- 高義
  - 熙高
    - 熙成
    - 熙幸
    - 政康
      - 政実

足利将軍家系図（丸数字は代数）

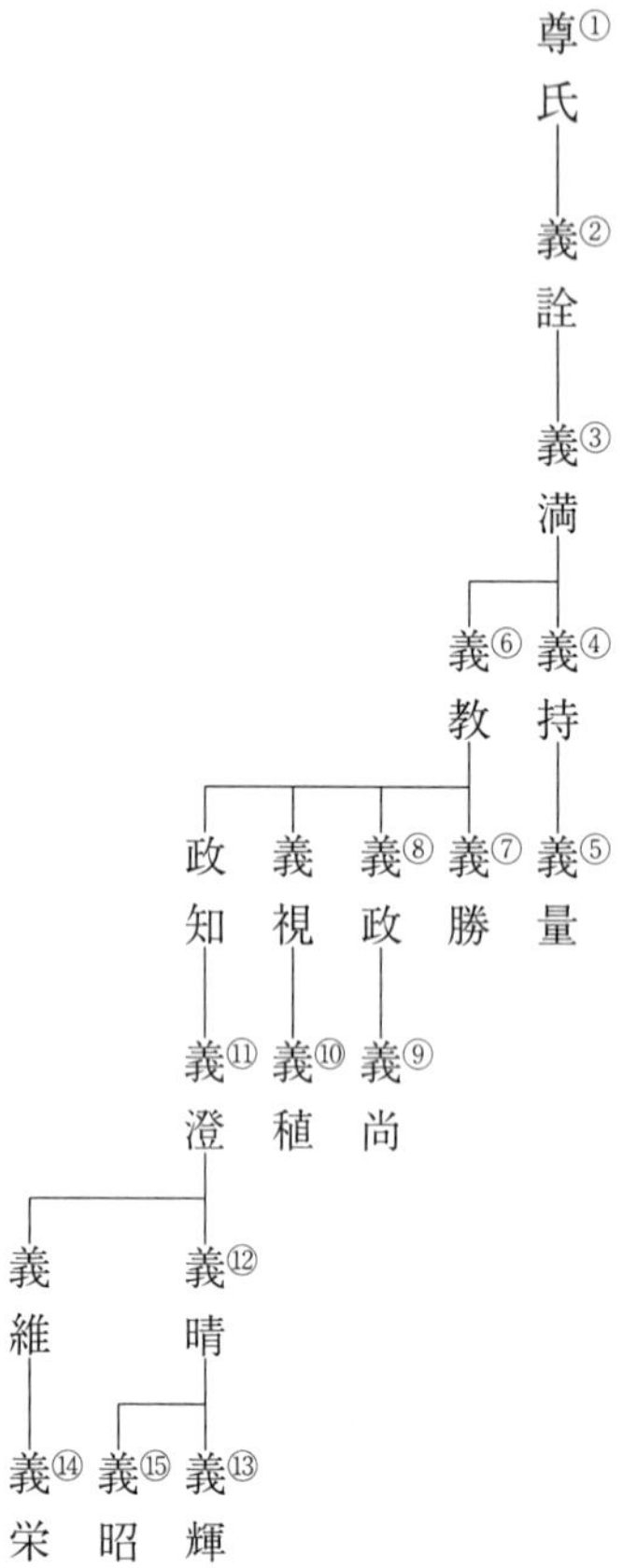

細川氏系図（‖は養子）

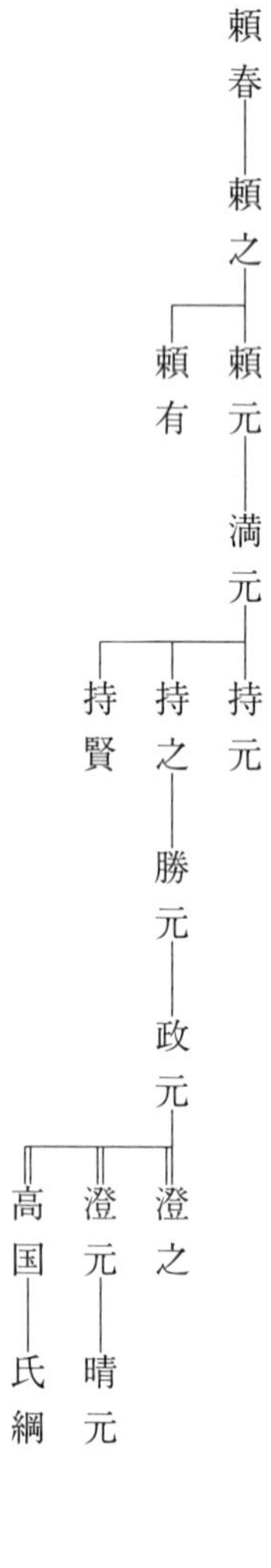

略年譜

年次	西暦	年齢	事蹟	参考事項
応永一一	一四〇四	一	五月一九日、山名時熙の子息として誕生（幼名小次郎）	
一五	一四〇八	五		五月六日、足利義満が死去
二〇	一四一三	一〇	正月、元服して持豊と名乗る	
二一	一四一四	一一	三月一二日、兄満時が侍所頭人に就任	
二三	一四一六	一三		八月、上杉氏憲らが鎌倉公方足利持氏に背く（上杉禅秀の乱）
二四	一四一七	一四	正月、父時熙が右衛門督、兄満時が刑部大輔に昇進	
二五	一四一八	一五	六月、父時熙が足利義嗣の反逆に同意していたとする風聞が流れ、出仕を停止される	正月、足利義持が弟義嗣を殺す
二六	一四一九	一六	一一月二七日、兄持熙が従五位下、刑部少輔に任官	六月、朝鮮の兵が対馬を襲撃する（応永の外寇）
二七	一四二〇	一七	閏正月二一日、兄満時が二五歳で死去	
二八	一四二一	一八	一二月、持豊、備後国人を退治するため山名上総介熙高とともに下向	

応永二九	一四二二	一九	二月二八日、山名熙高とともに備後から上洛○嫡子教豊が誕生	
三〇	一四二三	二〇	八月、新将軍義量の山名亭御成に際して時熙が進上した馬を持豊が引く○一一月三〇日、山名氏清・高義の三三回忌法要が営まれる○この年、持豊の妻（教豊母）が死去	三月一八日、足利義量が五代将軍に就任
三二	一四二五	二二		二月二七日、足利義量が死去
正長 元	一四二八	二五	四月二日、足利義教が初めて山名亭を訪問○四月二三日、病に倒れた山名時熙は持豊を後継者に指名するが、義教は持熙に相続させるよう指示する	正月一八日、足利義持が死去、籤引きにより義教が将軍家の家督を継承○九月、正長の土一揆が起きる
永享 元	一四二九	二六		三月一五日、足利義教が六代将軍に就任
三	一四三一	二八	正月、嫡子教豊が元服○五月、兄持熙が将軍義教の勘気を蒙る	
四	一四三二	二九	正月一五日、将軍家の垸飯を持豊が勤める	
五	一四三三	三〇	四月五日、父時熙が伊賀国守護職を獲得する○八月九日、持豊、時熙の跡目を継ぎ四ヵ国（但馬・備後・安芸・伊賀）守護職などを拝領する	
六	一四三四	三一	一一月一九日、持豊が山門攻撃に出陣	
七	一四三五	三二	七月四日、時熙が六九歳で死去	
八	一四三六	三三	閏五月七日、持豊、幕命をうけて備後国内の長福	

			寺領の課役免除・使者入部停止を守護代に命じる○八月二五日、持豊、但馬国一宮である出石神社に願文を納める	
九	一四三七	三四	七月、兄持熙が備後で挙兵するが、持豊勢に攻められて戦死○七月三〇日、持熙の首が京都に届けられる○一一月八日、持豊、但馬興長寺の寺領を安堵○一二月二一日、赤松勢が山名氏と対立して攻め寄せようとするが、将軍義教が騒ぎを鎮める	七月、大覚寺門跡義昭が義教に謀反を企てて大和に出奔する
一〇	一四三八	三五	八月、持豊が越智・箸尾氏の拠る大和多武峰を攻略して武名を挙げる○一一月三日、持豊、幕命をうけて平賀氏の所領への守護使入部停止を守護代に命じる	八月、鎌倉公方足利持氏が上杉憲実の討伐に出陣して幕府軍との衝突に発展する（永享の乱）
一一	一四三九	三六	正月、持豊、正四位下、右衛門佐に任じられる	二月十日、持氏が鎌倉で自害
一二	一四四〇	三七	このころ、持豊は侍所頭人に就任○六月一三日、持豊に清和院の洛中の敷地を引き渡すように命じる室町幕府御教書が出される○八月六日、持豊、幕命をうけて小早川持平の知行地を弟熙平代官に渡すよう守護代に命じる○一〇月一四日、持豊の母が死去○一二月二〇日、持豊、幕命をうけて備後浄土寺領の段銭免除・守護使入部停止を守護代に命じる○一二月二四日、持豊、西明院に伯耆大	

嘉吉 元	一四四一	三八	山寺領所々を安堵 七月二八日、侍所頭人の職を解かれた持豊が赤松氏を退治するために出陣する○八月二八日、持豊率いる四五〇〇騎の軍勢が但馬生野から播磨に侵攻し、赤松勢を撃破○九月初め、赤松氏の本拠地であった坂本城を攻略○九月一〇日、山名勢の総攻撃の前に、城山城に籠城していた赤松満祐は一族・被官人とともに自害○九月中旬、山名勢が播磨から上洛○一〇月、山名一族は赤松氏の旧分国を拝領し、持豊が播磨の守護に就任○一〇月一一日、持豊が新守護として播磨に入国○一一月一六日、持豊、宗源院に寺領を安堵○一一月二五日、持豊上洛	六月二四日、足利義教が赤松氏に殺害される（嘉吉の乱）。この時に山名熙貴も殺される○八月、嘉吉の土一揆が起きる○閏九月一〇日、徳政令が出される
二	一四四二	三九	このころ、持豊は出家して宗峯と号す（後に宗全）○一一月四日、宗全、幕命をうけて小早川熙平代官に安芸国所々を渡すよう守護代に命じる○一二月二三日、宗全、小早川熙平への合力を安芸国人に申し付けるよう守護代に命じる	一一月七日、足利義勝が七代将軍に就任
三	一四四三	四〇	六月、宗全の養女が大内氏に嫁ぐため西国に下る○九月二一日、山名氏の被官が地下人と喧嘩○この年、宗全、播磨の赤松氏の残党を討伐	七月二一日、足利義勝が死去し、弟義政が家督を継承○九月二三日、南朝の遺臣が宮中を襲い神璽・宝剣を

文安 元	一四四四	四一	正月、宗全が播磨の三郡を獲得する○三月一二日、宗全が備後国内の栖真院請地を山内氏に安堵○三月二二日、播磨三郡において郡散合を命じる○五月一三日、幕府、播磨の散在商人による油木立置の禁止を宗全に命じる○六月二一日、宗全が幕命をうけて広峰社公用を宝寿院に渡すよう守護代に命じる○七月二五日、宗全が山内氏に播磨明石郡の闕所地を給分として与える○一〇月二五日、赤松満政が山名氏に敵対して播磨に下向○一一月二八日、宗全は赤松満政を討伐するため但馬に下向○一二月、山名勢と赤松勢が真弓峠で衝突○一二月二七日、宗全は毛利氏に、真弓峠の合戦における戦功を賞す
二	一四四五	四二	正月・二月、播磨国内の合戦で山名勢が赤松勢を破る○三月二四日、赤松満政が摂津有馬で敗死○四月二六日、宗全が播磨より但馬へ引き揚げる○六月一二日、宗全が但馬より上洛○九月二日、宗全が但馬妙見社に播磨の所々を寄進する○一〇月一七日、宗全が山内氏に播磨桑原荘を給分として与える

奪う

文安 三	一四四六	四三	このころ、右衛門督に昇進○七月一九日、幕府は宗全に、播磨佐用郡の土民による油商売の禁止を命じる
四	一四四七	四四	二月二五日、宗全の養女が細川勝元に嫁ぐ○二月三〇日、宗全が安芸船越の合戦における小早川氏の戦功を賞し、大内方を支援することを求める○三月八日、宗全が山名教之の被官である斎藤氏と小鴨・南条氏の対立に和解勧告○三月二九日、山名氏の被官人と甲斐常治の被官人が洛中で喧嘩○七月四日、南禅寺栖真院において故時熙の一三回忌を催す○七月一六日、山名氏討伐を命じる綸旨が畠山持国に与えられたとする風聞が流れる○七月一八日、播磨美嚢郡守護代斎藤若狭守が山名氏の誅伐を恐れて出奔○一二月二四日、幕府が宗全に、天龍寺領への諸役免除・守護使入部停止を命じる
五	一四四八	四五	九月、幕府が赤松則尚に播磨・備前・美作の知行回復を指示するが、山名氏は引き渡しを拒む○一二月、赤松則尚の播磨回復をめぐって山名氏と阿波細川氏の間で緊張が高まるが、細川勝元や畠山持国らの働きかけにより、軍事衝突は回避される

宝徳 元	一四四九	四六		四月二九日、足利義政が八代将軍に就任
二	一四五〇	四七	三月四日、南禅寺真乗院を建てて寺領を寄進○三月二九日、幕府が宗全に、播磨矢野荘例名方への使者入部停止を命じる○九月、宗全と一族山名教之の不和を伝える説が流れる	
享徳 元	一四五二	四九	七月一〇日、宗全が長福寺に備後府中金丸名を安堵○一一月一〇日、子息勝豊が亡くなる	
二	一四五三	五〇	一一月、山名氏の周辺に不穏な動きがあり、諸国の軍勢が京都に集まる	
三	一四五四	五一	四月、畠山弥三郎が没落して細川・山名氏を頼る○六月五日、宗全、法隆寺領播磨鵤荘の諸公事免除・使者入部停止を守護代に命じる○一一月二日、義政が宗全退治命令を発すが、細川勝元の執り成しにより宗全は隠居、山名氏の家督は子息の教豊に譲与される○一一月三日、赤松則尚が播磨に下向○一二月六日、宗全は百騎の軍兵を引き連れて但馬に下向	四月、畠山持国の後継者をめぐって実子義就と養子弥三郎の争いが生じる○八月、弥三郎方が持国亭を襲い義就は京都から没落○一二月一四日、義就が弥三郎を追って家督に返り咲く
康正 元	一四五五	五二	四月二八日、山名教豊の軍勢が赤松則尚追討のため京都を出陣○五月、宗全・教豊父子が播磨に攻め入り赤松勢を破る○五月一二日、則尚が備前鹿	六月、畠山義就が弥三郎を退治するため河内に下向○一一月二〇日、義就が河内・大和を平定して上洛

			久居島で自害○八月、則尚追討を果たした教豊が京都に凱旋○九月九日、教豊が母の三三回忌を栖真寺で催す○一〇月一三日、宗全が山内氏に播磨飾東郡の闕所地を給分として与える	
康正 二	一四五六	五三	六月一九日、宗全が山内氏に備後・播磨の両国当知行地を安堵○九月三日、宗全が備後における国中大工を任命○一〇月一七日、宗全が但馬西光精舎において母親の一七回忌を催す○一二月二一日、京都の山名亭が炎上	
長禄 元	一四五七	五四	三月一日、宗全が播磨石弾城を攻略する○この年、宗全の妻玉渓が死去	
二	一四五八	五五	三月七日、宗全が但馬楞厳寺領を安堵○八月九日、宗全は義政から許され、約四年ぶりに京都に帰る○一一月四日、幕府が播磨多可荘の闕所地を伏見大光明寺に渡すよう宗全に命じる○一二月二三日、幕府が播磨の南禅寺領の諸役免除・使者入部停止を宗全に命じる	八月三〇日、赤松氏の牢人が後南朝に奪われていた神璽を奪回して上洛○一一月一九日、赤松氏の再興が許されて政則が加賀半国守護に就任
三	一四五九	五六	五月二二日、宗全が幕命をうけて播磨大塩荘の諸役免除・使者入部停止を守護代に命じる○一二月一七日、宗全が備後の所々について諸役免除・使者入部停止を守護代に命じる	五月、斯波義敏が守護代甲斐常治と越前で戦って敗れ、周防大内氏のもとに身を寄せる○七月二三日、義政が畠山弥三郎を赦免

寛正元	一四六〇	五七	閏九月二〇日、山名教豊が弾正少弼から伊予守に昇進、同次郎政豊が弾正少弼に任官○閏九月二八日、義政が山名氏に河内出兵を求める○十月二六日、教豊が父宗全と対立して播磨に下向、のち宗全の怒りがおさまって教豊は復帰	九月、畠山義就、義政に背いて河内に下向○閏九月、義就討伐の軍勢が出陣
二	一四六一	五八	五月二日、宗全が幕命をうけて、備後の石清水八幡宮領への使者入部停止を守護代に命じる○六月・七月、山名是豊が安芸・石見の国人を率いて河内を転戦○一二月一三日、宗全が但馬の知行地を佐々木橋本氏に給分として安堵	前年来の飢饉により死者多数（寛正の大飢饉）○十月、斯波氏の家督を義廉が相続
三	一四六二	五九	是豊が備後・安芸・石見の国人を率いて河内嶽山に拠る畠山義就を攻撃○八月、山名氏と京極氏が対立○九月一五日、所司代多賀氏の弟が切腹して山名・京極両氏の対立はおさまる	
四	一四六三	六〇	正月二二日、義政が宗全の新宅に始めて御成○五月三日、宗全が但馬楞厳寺領の安堵・諸役免除○一二月二三日、宗全が播磨の知行地を牧田氏に給分として安堵	四月、河内嶽山が陥落し、畠山義就は紀州に逃れ、まもなく吉野へ移る
五	一四六四	六一	一二月二六日、是豊が山城守護に就任	十一月一三日、畠山政長が管領に就任し、細川勝元との結びつきを強める○一二月二日、足利義視が還俗し

寛正 六	一四六五	六二	六月一二日、幕府、播磨に隠れている赤松氏の牢人を追い出すように寺社本所領に公布することを宗全に命じる	て義政の後継者に定まる 十一月二三日、日野富子が男子（のちの足利義尚）を出産
文正 元	一四六六	六三	七月二五日、山名・一色・土岐氏らは義政の上意に背いて義廉を支持することを申し合わせる○八月三日、義政が宗全に義廉との姻戚関係を解消して絶交することを命じるが、宗全は徹底抗戦する構えを見せる○九月五日、幕府、九条家領の諸役免除・守護使入部停止を宗全に命じる○一二月、畠山義就が宗全の手引きで河内より上洛	七月二三日、義政が義廉を退けて義敏を斯波氏の惣領とする○八月二五日、斯波義敏に越前・遠江・尾張の守護職が与えられる○八月二五日、畠山義就が吉野から壺坂寺に移り、ついで河内入国○九月六日、足利義視の殺害計画が発覚し、陰謀を企てた伊勢貞親や季瓊真蘂らが失脚、斯波義敏・赤松政則らも京都から没落（文正の政変）
応仁 元	一四六七	六四	正月五日、畠山義就が山名亭に義政を招いて供応し、諸大名も山名亭に参集○二月三日、宗全が山内氏に備後の所領を給分として与える○四月、山名氏が分国から京都に運び込もうとした年貢を丹後・丹波で細川方が奪い取る○五月、赤松勢が細川氏の支援をうけて播磨に乱入○五月二八日、義政が山名・細川両氏に休戦を命じる○六月、義政	正月八日、斯波義廉、畠山政長に代わって管領に就任○正月一八日、畠山義就と同政長の軍勢が上御霊社で衝突○五月一四日、政長が幕府に出仕し、これを支持する細川党が室町殿を占拠○五月二六日、東西両軍の全面戦争に突入（応仁の乱）○八月

			が宗全治罰のために細川方に牙旗を与える○六月二八日、但馬・播磨・備前・備後・安芸・石見など山名方の大軍が丹波路より上洛○八月二三日、大内氏の大軍が入京して山名方に加わる○九月九日、嫡子教豊が四六歳で病没○一〇月三日、宗全治罰の院宣が出される	二三日、足利義視が東軍から逃亡して伊勢に下る○一〇月三日、相国寺が合戦で焼失
二	一四六八	六五	正月一日、細川勢が垣屋氏の屋敷を焼く○正月一一日、山名方の備後衆六十人ほどが東軍の是豊に降参○三月、東軍が但馬に乱入するが、宗全の家臣太田垣氏に撃退される○三月一八日、宗全、但馬円通寺の寺領を安堵○三月二〇日、宗全が村雲合戦における与布土氏の戦功を賞し恩賞地を与える○四月一日、西陣の山名の城に矢倉が建てられる○四月三日、宗全が丹波夜久野合戦における牧田氏の戦功を賞す○七月、宗全が栂尾高山寺に制札を与える○七月八日、山名の城に堀がつくられるのをみて東軍の薬師寺勢が攻撃○九月一〇日、宗全が備後小世良合戦における山内氏の戦功を賞す○一〇月、宗全の軍兵が播磨を攻撃するが、赤松氏に勝てず帰京する○一一月、東軍の山名是豊が備後に下向して西軍と交戦○一二月三〇日、宗	四月九日、義視の上洛を求める勅書が出される○九月一一日、義視が伊勢から上洛する○一一月一三日、義視、東軍から脱出して比叡山に登り、まもなく西軍に迎えられる○一二月三日、義視追討の院宣が出される

			全が等持院領備後信敷東分半分を給分として山内氏に与える	
文明 元	一四六九	六六	正月八日、足利義視が山名方へ御成○三月一六日、西陣に乱入した敵兵を宗全が撃退する○三月二〇日、宗全が備後芋原合戦・花坊夜討における山内氏の戦功を賞す○六月一〇日、宗全が備後重永神上合戦における山内氏の戦功を賞す○八月三日、但馬勢一万五千が丹後に進攻して細川方と交戦○一〇月、是豊が赤松勢とともに兵庫津を襲って大内勢を破る○一二月、是豊が摂津に進攻	四月二九日、四国・九州の諸大名に上洛を命じる義視の御内書が出される
二	一四七〇	六七	山名是豊勢と大内勢が摂津で交戦を繰り返す○六月一七日、宗全が備後信敷東方半分の替地として山内氏に給分を与える○六月、宗全が東軍に降参するという風聞が流れる。宗全は病のため自署でなく花押印を使用○一一月二四日、宗全が山内氏に備後信敷東方を宛行う	二月、南朝の遺臣が紀伊で挙兵
三	一四七一	六八	三月、是豊の子七郎（頼忠）が但馬九日市へ乱入し、垣屋越前入道宗忠や垣屋越中入道の子息と交戦○四月、是豊が備後に再入国して東軍の組織化を図る○七月五日、宗全が山内氏の備後国内の所領について段銭を免除する○閏八月、西軍に転じ	八月、南朝の皇胤小倉宮の王子が大和壺坂から古市を経て上洛

			た毛利豊元の働きにより備後の東軍が敗れて是豊は退散	
四	一四七二	六九	正月、宗全が東軍との和平を画策○六月一二日、山名相模守教之が伯耆に没落○八月、宗全が隠居して家督を政豊に譲る	
五	一四七三	七〇	正月一三日、山名教之、死去○三月一八日、宗全が病死する○三月二三日、宗全の遺体が荼毘に付される○五月一一日、細川勝元が死去	一二月一九日、足利義尚が九代将軍に就任
六	一四七四		四月、山名政豊と細川政元の講和が成立	
九	一四七七			畠山義就・大内政弘らが京都を去り応仁の乱が終結

主要参考文献

一　史　料

『大日本史料』第八編　東京大学出版会
『尊卑分脈』（新訂増補国史大系）　吉川弘文館
『後鑑』（新訂増補国史大系）　吉川弘文館
『山名系図』『山名系譜』（『続群書類従』第五輯上）　続群書類従完成会
宮田靖國編『但馬村岡山名家譜』（付．池田四朗氏所蔵『山名系図』）　六甲出版
『兵庫県史　史料編』中世1～9　兵庫県
『岡山県史　編年史料』　岡山県
『広島県史　古代中世資料編』Ⅰ～Ⅴ　広島県
『山口県史　史料編』中世1～4　山口県
『萩藩閥閲録』『萩藩閥閲録遺漏』　山口県文書館
『山内首藤家文書』（大日本古文書）　東京大学出版会
『毛利家文書』（大日本古文書）　東京大学出版会

『吉川家文書』（大日本古文書）　東京大学出版会
『小早川家文書』（大日本古文書）　東京大学出版会
『益田家文書』（大日本古文書）　東京大学出版会
『三浦家文書』（大日本古文書）　東京大学出版会
『満済准后日記』（『続群書類従』補遺一）　続群書類従完成会
『看聞日記』（『続群書類従』補遺二）　続群書類従完成会
『山科家礼記』（史料纂集）　続群書類従完成会
『経覚私要鈔』（史料纂集）　続群書類従完成会
『師郷記』（史料纂集）　続群書類従完成会
『薩戒記』（大日本古記録）　岩波書店
『建内記』（大日本古記録）　岩波書店
『臥雲日件録抜尤』（大日本古記録）　岩波書店
『康富記』（増補史料大成）　臨川書店
『親長卿記』（増補史料大成）　臨川書店
『蔭凉軒日録』（増補続史料大成）　臨川書店
『斎藤基恒日記』（増補続史料大成）　臨川書店
『大乗院寺社雑事記』（増補続史料大成）　臨川書店

『大乗院日記目録』（増補続史料大成）　臨川書店
『碧山日録』（増補続史料大成）　臨川書店
『後法興院記』（増補続史料大成）　臨川書店
『明徳記』　岩波書店
『海東諸国紀』　岩波書店
『嘉吉記』『応仁記』『応仁略記』『応仁別記』（『群書類従』第二十輯）　続群書類従完成会
『長禄二年以来申次記』（『群書類従』第二十二輯）　続群書類従完成会
『花営三代記』（『群書類従』第二十六輯）　続群書類従完成会
『歴名土代』『永享以来御番帳』（『群書類従』第二十九輯）　続群書類従完成会
『山名家犬追物記』（『続群書類従』第二十四輯上）　続群書類従完成会
『応仁私記』（『史籍雑纂』一）　続群書類従完成会
『重編応仁記』（『改定史籍集覧』三）　臨川書店
『塵塚物語』（『改定史籍集覧』一〇）　臨川書店
『戊子入明記』（『続史籍集覧』一）　近藤出版部
『兵庫北関入船納帳』　中央公論美術出版
『長禄四年記』（設楽薫「室町幕府評定衆摂津之親の日記『長禄四年記』の研究」）『東京大学史料編纂所研究紀要』三

二　辞典

『国史大辞典』一〜一五　吉川弘文館　一九七九〜一九九七年

『日本城郭大系』第十二巻（大阪・兵庫）　新人物往来社　一九八一年

『戦国大名家臣団事典　西国編』　新人物往来社　一九八一年

『室町幕府守護職家事典　下』　新人物往来社　一九八八年

『国別　守護・戦国大名事典』　東京堂出版　一九九八年

『日本歴史地名大系』「27　京都市の地名」　平凡社　一九七九年

「29　兵庫県の地名」　平凡社　一九九九年

「35　広島県の地名」　平凡社　一九八二年

『角川日本地名大辞典』「26　京都府」　角川書店　一九八二年

「28　兵庫県」　角川書店　一九八八年

「34　広島県」　角川書店　一九八七年

三　著書

高坂　好『赤松円心・満祐』（人物叢書）　吉川弘文館　一九七〇年

小坂博之『山名豊国』　法雲寺（山名寺）　一九七三年

佐々木銀弥　『室町幕府』（『日本の歴史』一三）　小学館　一九七五年
水野恭一郎　『武家時代の政治と文化』　創元社　一九七五年
小坂博之　『山名常熙と禅利』　楞厳寺　一九七六年
兵庫県　『兵庫県史　第三巻』　兵庫県　一九七八年
岸田裕之　『大名領国の構成的展開』　吉川弘文館　一九八三年
広島県　『広島県史　中世』　広島県　一九八四年
今谷明　『守護領国支配機構の研究』　法政大学出版局　一九八六年
岡山県　『岡山県史　中世Ⅱ』　岡山県　一九九一年
高坂好　『中世播磨と赤松氏』　臨川書店　一九九一年
今谷明　『足利将軍暗殺』　新人物往来社　一九九四年
小川信　『山名宗全と細川勝元』　新人物往来社　一九九四年
藤田達生　『日本中・近世移行期の地域構造』　校倉書房　二〇〇〇年
桜井英治　『室町人の精神』（『日本の歴史』一二）　講談社　二〇〇一年
川岡勉　『室町幕府と守護権力』　吉川弘文館　二〇〇二年
宿南保　『但馬の中世史』　神戸新聞総合出版センター　二〇〇二年
榎原雅治編　『一揆の時代』（『日本の時代史』一一）　吉川弘文館　二〇〇三年
石田晴男　『応仁・文明の乱』（『戦争の日本史』九）　吉川弘文館　二〇〇八年

兵庫県立考古博物館編『宮内堀脇遺跡Ⅰ』（兵庫県文化財調査報告 三六五）
兵庫県教育委員会 二〇〇九年

四 論文（前記の著書に所収されている論文は除く）

太田順三「「嘉吉の乱」と山名持豊の播磨進駐」（『民衆史研究』九） 一九七一年
岡部恒「守護大名山名氏と禅宗―とくに栖真院開創について」（『人文論究』二五―二）
一九七五年
片岡嫺樹「守護山名氏とその但馬の在所について―瑞岩龍惺の『蟬庵稿』にみる―」
（『兵庫史学』六八） 一九七八年
小林保夫「「国料」管見」（『年報中世史研究』四） 一九七九年
今谷明「瀬戸内制海権の推移と入船納帳」（『兵庫北関入船納帳』）
中央公論美術出版 一九八一年
石田善人「山名政豊の播磨侵攻と蔭木城合戦」（『今井林太郎先生喜寿記念論集』） 一九八八年
今岡典和「山名宗全と室町幕府」（『此隅山城を考える』三） 一九九〇年
宿南保「但馬山名氏と垣屋・太田垣両守護代家」（石井進編『中世の村と流通』）
吉川弘文館 一九九二年
末柄豊「細川氏の同族連合体制の解体と畿内領国化」（石井進編『中世の法と政治』）

河内将芳「京都「山名町」の町名をめぐって」(『山名氏・赤松氏研究ノート』三) 吉川弘文館 一九九二年
小坂博之「山名常熙の嫡子満時について」(『山名』一) 一九九三年
片岡秀樹「『蟬庵稿』にみる山名一族の佛事法語について」(『但馬史研究』一七) 一九九四年
柴原直樹「守護山名氏の備後国支配と国人領主連合―国衆和智氏の歴史的役割―」(『史学研究』二一三) 一九九六年
小坂博之「但馬守護山名師義」(『但馬史研究』一九) 一九九六年
小坂博之「山名勝豊について」(『山名』三) 一九九七年
山本隆志「山名氏と山名郷・山名八幡宮」(『山名』三) 一九九七年
馬田綾子「赤松則尚の挙兵―応仁の乱前史の一齣―」(『日本国家の史的特質』) 思文閣出版 一九九七年
高田星司「播磨守護山名氏の分郡支配について」(『年報日本史叢』一九九八) 一九九八年
下田英郎「但馬佐々木氏の活動と後裔」(『但馬史研究』二三) 二〇〇〇年
和田秀作「大内氏家臣安富氏の関係史料について(1)(2)」(『山口県文書館研究紀要』二七・二八) 二〇〇〇・二〇〇一年
家永遵嗣「軍記『応仁記』と応仁の乱」(学習院大学文学部史学科編『歴史遊学』) 山川出版社 二〇〇一年

岡村吉彦「戦国期因幡国における守護支配の展開と構造」（『鳥取地域史研究』五）二〇〇三年
渡邊大門「『山名家譜』所収の但馬国「円通寺文書」について」（『鳥取地域史研究』五）二〇〇三年
野田泰三「赤松氏の興亡と山名氏」（『但馬史研究』二六）二〇〇三年
渡邊大門「山名是豊関係文書について」（『但馬史研究』二六）二〇〇三年
渡邊大門「早稲田大学中央図書館特別資料室所蔵山名氏関係史料について」（『鳥取地域史研究』六）二〇〇四年
真木隆行「大内政弘の母に関する覚書」（『やまぐち学の構築』一）二〇〇五年
鋤柄俊夫「中世西日本海地域の都市と館」（『日本海域歴史大系』第三巻）清文堂出版　二〇〇五年
吉田賢司「在京大名山名氏による医徳庵召還活動」（『日本歴史』六八八）二〇〇五年
渡邊大門「戦国期における山名氏権力と守護代」（『大乗院寺社雑事記研究論集』第三巻）和泉書院　二〇〇六年
山本浩樹「戦国期但馬国をめぐる諸勢力の動向」（科学研究費補助金研究成果報告書『戦国期西国における大規模戦争と領国支配』）二〇〇七年

著者略歴

一九五六年生まれ
一九八六年大阪大学大学院文学研究科博士課程単位取得退学
現在　愛媛大学教育学部教授
主要著書
河野氏の歴史と道後湯築城　室町幕府と守護権力　中世の地域権力と西国社会

人物叢書　新装版

山名宗全

二〇〇九年(平成二十一)八月二十日　第一版第一刷発行

著者　川岡《かわおか》勉《つとむ》
編集者　日本歴史学会
代表者　笹山晴生
発行者　前田求恭
発行所　株式会社　吉川弘文館
東京都文京区本郷七丁目二番八号
郵便番号一一三―〇〇三三
電話〇三―三八一三―九一五一〈代表〉
振替口座〇〇一〇〇―五―二四四
http://www.yoshikawa-k.co.jp/
印刷＝株式会社 平文社
製本＝ナショナル製本協同組合

ISBN978-4-642-05252-8

『人物叢書』(新装版)刊行のことば

人物叢書は、個人が埋没された歴史書が盛行した時代に、「歴史を動かすものは人間である。個人の伝記が明らかにされないで、歴史の叙述は完全であり得ない」という信念のもとに、専門学者に執筆を依頼し、日本歴史学会が編集し、吉川弘文館が刊行した一大伝記集である。

幸いに読書界の支持を得て、百冊刊行の折には菊池寛賞を授けられる栄誉に浴した。

しかし発行以来すでに四半世紀を経過し、長期品切れ本が増加し、読書界の要望にそい得ない状態にもなったので、この際既刊本の体裁を一新して再編成し、定期的に配本できるような方策をとることにした。既刊本は一八四冊であるが、まだ未刊である重要人物の伝記についても鋭意刊行を進める方針であり、その体裁も新形式をとることとした。

こうして刊行当初の精神に思いを致し、人物叢書を蘇らせようとするのが、今回の企図である。大方のご支援を得ることができれば幸せである。

昭和六十年五月

日本歴史学会

代表者 坂本太郎